Neues Archiv für Niedersachsen
2/2015

Flüsse in Niedersachsen

WACHHOLTZ
MURMANN PUBLISHERS

Inhalt

Neues Archiv Niedersachsen 2/2015

Flüsse in Niedersachsen

3   Editorial (H. Küster)

6   Interview mit Minister Olaf Lies zum Masterplan Ems.
Den Streit um ökonomische und ökologische Interessen beenden
(A. Brandt)

12   R. Pott
Natürliche Fließgewässersysteme in Niedersachsen

27   R. Pott, J. Hüppe, H. Küster, F. Turner
Flussgeschichte in Niedersachsen

38   T. Reeh, M. Deutsch, K.-H. Pörtge
Anmerkungen zur Untersuchung historischer Hochwasserereignisse in Niedersachsen

58   H. Küster
Urstromtäler, Durchbruchtäler, Binnendeltas

72   J. Prüter
Die Elbe im Biosphärenreservat „Niedersächsische Elbtalaue"

88   N. Borger-Keweloh, H.-W. Keweloh
Flößerei auf der Weser und ihren Nebenflüssen
Zur Geschichte des kulturellen Erbes einer Region

101   F. Geldmacher
Die Weserumschlagstelle in Hann. Münden und die Schifffahrt auf der Oberweser: Vergangenheit – Gegenwart – Zukunft

114   A. Hoppe
Historische Wasserbauten in Niedersachsen – Fließgewässer im Spannungsfeld zwischen Natur- und Kulturgüterschutz im Kontext der Europäischen Wasserrahmenrichtlinie

137   M. Ehrhardt, N. Fischer
Flusslandschaften mit Deich: Niederelbe und Unterweser

Berichte

147   T. Eichhorn, L. Eichhorn
Wanderungsbewegungen aus dem Ausland nach Niedersachsen 2013

152   F. Böttcher, N. Heinecke
Auswirkungen des demographischen Wandels auf die Wohnungsmärkte in Niedersachsen

163   Autorinnen und Autoren

166   Impressum

Editorial

Drei große und viele kleine Flüsse durchziehen Niedersachsen. Sie unterscheiden sich deutlich voneinander. Die Elbe kommt aus weit im Osten gelegenen hohen Mittelgebirgen. Dort bleibt Schnee oft einen ganzen Winter über liegen und schmilzt auf einmal im Frühjahr. In dem trägen langen Strom fließt dann eine breite Hochwasserwelle ab, die weite Landstriche an der Elbe überflutet. Erst nach langer Zeit gehen die Überschwemmungen zurück. Viele Zuflüsse der Weser entspringen im regen- und schneereichen Harz oder anderen Mittelgebirgen in dessen Umgebung. Dorthin stoßen im Winter immer wieder einmal milde Luftmassen vor, die den Schnee bis in höchste Lagen tauen lassen. Daher kann es an der Weser und ihren Nebenflüssen den ganzen Winter über zu Hochwasser kommen. Der gesamte Lauf der Ems befindet sich dagegen in sandigen Niederungen; nur ein paar ihrer Zuflüsse kommen aus niedrigen Mittelgebirgen, in denen Schnee nur selten liegen bleibt. Im Zusammenhang mit der Schneeschmelze tritt die Ems daher kaum einmal über die Ufer.

Über allen Gebirgen können sich sommerliche Starkregengebiete festsetzen, die in den letzten Jahren immer wieder zu katastrophalen Überschwemmungen geführt haben. Doch das Wasser zog sich unterschiedlich rasch wieder zurück: Im Sommer 2013 war das Hochwasser an Leine, Aller und Weser heftig, aber es dauerte längst nicht so lange an wie an der Elbe, wo Wasser bis in den Herbst stehen blieb.

Etliche Flüsse haben „echte" Täler im Mittelgebirge; ihre Unterläufe sind im Eiszeitalter erheblich verändert worden, und sie verlaufen heute in ehemaligen Abflussbahnen des Schmelzwassers. In die Unterläufe mehrerer Flüsse ist in den letzten Jahrtausenden das Meer vorgedrungen: Dort entstanden Ästuare, in denen Wasser nicht immer nur abfließt, sondern von den Tiden bewegt wird: Bei hohen Wasserständen im Meer wird Süßwasser gestaut, oder es dringt sogar Salzwasser in die Flussläufe ein.

Jede Stadt in Niedersachsen hat „ihren" Fluss, an dem ihre Mühlen gebaut wurden, oft wurden sie zu Keimzellen der Industrie. Die Stadtbewohner erhielten Frischwasser aus den Flüssen, sie leiteten aber auch Abwasser in sie ein. Städte wurden auf dem Wasserweg mit zahlreichen Rohstoffen versorgt: Stein, Erz, Holz, Nahrungsmittel. Die Oberläufe der niedersächsischen Flüsse durchziehen rohstoffreiche Regionen, während die Gebiete an ihren Unterläufen und Mündungen arm an Stein und Holz sind. Aber gerade in den wichtigen Hafenstädten, in Hamburg, Bremen oder Emden, brauchte man reichlich Rohstoffe zum Bau von Häusern und Schiffen. Man lud hier die Produkte aus dem Binnenland auf Ozeanschiffe um, die die Hafenstädte von der Nordsee aus auf den Ästuaren erreichen konnten. Baustein von der Weser oder Korn aus den fruchtbaren Börden konnte so in die ganze Welt gelangen.

Im 20. Jahrhundert wurde aus den niedersächsischen Flüssen ein echtes Gewässernetz geformt, in dem Kanäle und kanalisierte Flüsse an Bedeutung gewannen. Seitdem verbindet der Mittellandkanal die kanalisierte Ems bzw. den Dortmund-Ems-Kanal, die kanalisierte Mittelweser und den Elbe-Seiten-Kanal miteinander. Zahlreiche Städte und Industriegebiete sind dadurch exzellent miteinander auf Wasserwegen verbunden; Niedersachsen ist daher ein Land der Binnenschifffahrt. Die im 20. Jahrhundert ausgebauten Wasserwege sind mit einheitlichen großen Binnenschiffen befahrbar, die auch auf dem Rhein unterwegs sind.

Diese Wasserstraßen gewannen an Bedeutung, andere verloren sie. Die Elbe zwischen Magdeburg und Geesthacht, die Oberweser und weitere ehemals mit kleinen Schiffen befahrene Flüsse, darunter Oste, Aller und Leine, wurden marginalisiert. Auf diesen Gewässern reicht vor allem zu Trockenzeiten die Wassertiefe nicht aus, um sie für moderne große Binnenschiffe nutzen zu können. Soll man hier die Binnenschifffahrt völlig aufgeben, oder sollte man die Flüsse kanalisieren, um von der abfließenden Wassermenge weitgehend unabhängig zu werden?

Es gibt auch einen dritten Weg, den des Kompromisses. Man kann flach gehende Binnenschiffe konstruieren, mit denen auch auf kleineren Flüssen eine umweltfreundliche Schifffahrt möglich ist, ohne dass die Gewässer ausgebaut werden müssen. Kompromisse zur Nutzung lassen sich ebenso für die Ästuare entwickeln; kürzlich gelang es, für die Ems einen Plan auszuhandeln, den Schifffahrt, Werftindustrie und Naturschützer akzeptieren können. Weitere ähnliche Vereinbarungen wären hilfreich. Denn Flüsse sollen ihre Eigenheiten behalten, aber man soll sie auch nutzen können: für den umweltfreundlichen Gütertransport und für den Tourismus.

Von vielen Flüssen in Niedersachsen ist in diesem Heft die Rede, von ihrer Geschichte, ihrem gegenwärtigen Erscheinungsbild und von ihrer Zukunft, es geht um Wasserstände, die wir für „normal" halten, um Überflutungen und den Schutz vor ihnen, um Ebbe und Flut, um Flöße, Schiffe und Deiche. Die Nutzung der Flüsse hängt auch in der Zukunft von deren Eigenschaften ab, von Wassertiefen und Strömungen, vom Charakter des Hochwassers. Die Zusammenhänge, die sich daraus ergeben, sollten wir stärker bedenken.

Hansjörg Küster

Interview mit Minister Olaf Lies zum Masterplan Ems

(Foto: Niedersächsisches Ministerium für Wirtschaft, Arbeit und Verkehr)

Den Streit um ökonomische und ökologische Interessen beenden

Neues Archiv: Können Sie kurz die wesentlichen Eckpunkte des Masterplans Ems umreißen?

Mit dem Masterplan Ems 2050 übernehmen erstmalig alle verantwortlichen Akteure gemeinsam die Verantwortung für einen intakten Natur-, Wirtschafts- und Lebensraum in der Emsregion. Die Niedersächsische Landesregierung, der Bund, die Landkreise Emsland und Leer, die Stadt Emden, die Meyer Werft sowie die Umweltverbände WWF, BUND und NABU verfolgen mit Vertragsabschluss nun das gemeinsame Ziel, eine Sanierung des aquatischen Bereichs und eine nachhaltige Entwicklung des Ems-Ästuars zu erreichen.
Insbesondere wird eine vorrangige Lösung des Schlickproblems in der Unterems, die Verbesserung des Gewässerzustandes in der Tideems sowie die Schaffung bzw. Aufwertung ästuartypischer Lebensräume angestrebt. Darüber hinaus sind sich die Vertragspartner einig in dem Bestreben, die wirtschaftliche Entwicklung der gesamten Region und den Standort der Papenburger Meyer Werft zu sichern. Auch der Erhalt der Ems als leistungsfähige Bundeswasserstraße sowie die Zugänglichkeit der Häfen sind als gleichwertige Vertragsziele im Masterplan verankert.
Um die genannten Ziele zu erreichen, werden nun in Umsetzung des Vertrages der Lenkungskreis Ems, die Geschäftsstelle Ems sowie Arbeitskreise, die themenorientiert vom Lenkungskreis eingesetzt werden,

eng zusammenarbeiten, Konzepte entwickeln und konkrete Maßnahmen auf den Weg bringen. Auch für die Zusammenarbeit dieser Gremien setzt der Masterplan Ems 2050 den organisatorischen Rahmen fest. Zusammenfassend kann man sagen, dass von diesem Vertrag die gesamte Emsregion profitieren wird: die regionale Wirtschaftskraft wird gestärkt, die Meyer Werft bekommt Rechtssicherheit für ihre Schiffsüberführungen – und natürlich, ganz wichtig: Die Umwelt erhält endlich die Chance, sich langfristig zu erholen.

Neues Archiv: Was sind die wesentlichen Gründe dafür, dass sich die Landesregierung für diesen Masterplan eingesetzt hat?

Der Masterplan Ems 2050 bietet eine einmalige, fast schon historische Chance, den seit Jahrzehnten an der Ems schwelenden Streit um ökologische und ökonomische Interessen zu beenden. Dies hat die jetzige Landesregierung frühzeitig erkannt und sich daher geschlossen und nachdrücklich für die Verabschiedung des Vertragswerkes durch alle Vertragspartner eingesetzt.

Die Vertragsverhandlungen wurden zum Teil kontrovers geführt, haben jedoch in ausgesprochen konstruktiver und vertrauensvoller Atmosphäre stattgefunden. Diesen „Geist der Vertragsverhandlungen", wie er seitdem oft bezeichnet wird, gilt es nun, in die Umsetzungsphase des Vertrages weiterzutragen. Ich bin optimistisch, dass dies gelingen wird.

Neues Archiv: Wie genau werden die Probleme der Verschlickung der Ems im Masterplan angegangen?

Im Vorfeld des Masterplans Ems hatte ein Gutachten des Forschungs- und Technologiezentrums Westküste der Universität Kiel (FTZ) ergeben, dass die Varianten Sohlschwelle, Tidespeicherbecken und Tidesteuerungsbetrieb grundsätzlich das Potenzial zur Reduzierung des Schwebstoffgehaltes der Unterems haben. Weitere Lösungsvorschläge waren entweder in diesem Gutachten oder schon in weiteren zuvor abgeschlossenen Untersuchungen verworfen worden.
Im Masterplan Ems sind nun auf der Grundlage des FTZ-Gutachtens Machbarkeitsstudien der drei vorgenannten wasserbaulichen Varianten gleichberechtigt festgeschrieben worden. Sie sollen in Erweiterung der Untersuchungen des FTZ-Gutachtens neben der Überprüfung der technischen Machbarkeit Einschätzungen zu Nutzen, Flächenbedarf, Raumwiderständen, Umweltrisiko, zur wasserwirtschaftlichen und verkehrlichen Verträglichkeit sowie zur Verträglichkeit mit anderen Maßnahmen des Masterplans Ems 2050 geben. Daneben sind die Dauer der Planungs- und Genehmigungsverfahren und der möglichen Umsetzung zu ermit-

teln und ein überschlägiger Kostenrahmen anzugeben. Nach Abschluss der Machbarkeitsstudien wird über die Umsetzung einer Variante oder einer Kombination von zwei Varianten entschieden.

Neues Archiv: Welche Zugeständnisse musste die Papenburger Meyer Werft im Zuge der Erstellung des Masterplans machen?

Die Meyer Werft ist – wie alle anderen Vertragspartner auch – Kompromisse und Zugeständnisse zu Gunsten eines ausgewogenen Verhältnisses von ökologischen und ökonomischen Interessen eingegangen. Der wichtigste Beitrag der Meyer Werft ist die Beschäftigungsgarantie für 3100 Beschäftigte bis 2030.

Da die Vertragsverhandlungen natürlich vertraulich geführt wurden, gestehen Sie mir bitte zu, dass ich keine weiteren Einzelheiten nennen kann. Was ich jedoch sagen kann, ist, dass der Vertrag in Teilen das fortsetzt, was zwischen den Umweltverbänden und der Werft schon vor Jahren begonnen wurde: So baut z. B. Artikel 18 des Masterplans Ems 2050 auf einer Vereinbarung zum Thema Vogelschutz auf, die im Jahre 2009 zwischen den Verbänden und der Werft geschlossen wurde. Unter Moderation der Landesregierung ist es nun gelungen, dies fortzuführen und zu konkretisieren. Das ist in jeder Hinsicht zu begrüßen und entkräftet nachhaltig den Vorwurf, die Meyer Werft sei nicht zu Zugeständnissen bereit gewesen.

Neues Archiv: Sind nicht doch die Landwirte Verlierer des Plans?

Nein, der Auffassung bin ich nicht. Die Beschlüsse des Masterplans Ems 2050 werden unter Berücksichtigung der Belange von Naturschutz, Wasserwirtschaft und Landwirtschaft umgesetzt. In das zu erstellende Flächenmanagement werden über einen Steuerungsausschuss die regionalen Interessenvertretungen der Landwirtschaft mit fünf Vertretern eingebunden. Mit diesem Flächenmanagement sollen in möglichst verträglichen und realistischen Schritten bis 2050 insgesamt 700 Hektar zur Verfügung gestellt und die entsprechenden Maßnahmen umgesetzt werden. Wie vereinbart wird das Land Niedersachsen bei der Durchführung des Flächenmanagements auf eine ausgewogene Verteilung der Maßnahmen im Suchraum hinwirken.

Dr. Arno Brandt

Neues Archiv: Wie können die Belange der Landwirte ernst genommen werden?

Wie zuvor ausgeführt, werden die regionalen Interessenvertretungen der Landwirtschaft über den Steuerungsausschuss in das Flächenmanagement eingebunden. Damit hat das Land das eindeutige Signal ausgesendet, dass die Landwirte und deren Interessen sehr ernst genommen werden. Durch die gleichberechtigte Mitgliedschaft und das Stimmrecht im Steuerungsausschuss haben nun das Landvolk aus Ostfriesland und dem Emsland, der Bundesverband Deutscher Milchviehhalter, die AG bäuerlicher Landwirtschaft sowie die Landjugend die Möglichkeit, an folgenden Aufgaben mitzuwirken: Festlegung der Grundsätze bei der Flächensuche und -beschaffung; Mitwirkung und Beratung bei der Festlegung der Bewirtschaftungsziele; Berücksichtigung der Ausgewogenheit der Flächenverteilung im gesamten Suchraum; Unterstützung bei der Suche nach erforderlichen landwirtschaftsverträglichen und ggf. einzelbetrieblichen Lösungen.

Neues Archiv: In welcher Größenordnung bewegen sich die Fördermaßnahmen des Landes in Bezug auf den Standortsicherungsvertrag 2030?

Ich begrüße den am 15. Januar 2015 zwischen dem Land Niedersachsen, der Meyer Werft GmbH, dem Betriebsrat der Meyer Werft und der IG Metall unterzeichneten Standortsicherungsvertrag und bewerte diesen als großen Erfolg. Der Erhalt von 3100 Arbeitsplätzen am Standort Papenburg ist somit – unabhängig vom zweiten Werftstandort in Turku, Finnland – für die nächsten 15 Jahre gesichert. Die gesamte Region mit weiteren rund 3500 Arbeitsplätzen wird davon zweifelsfrei profitieren. Das Land bekennt sich mit Abschluss des Vertrages ausdrücklich zum Werftstandort in Papenburg und unterstützt und begleitet auch in Zukunft alle Entwicklungen, die den Standort in jeglicher Weise stärken. Die vereinbarten Ziele und Inhalte des Masterplans Ems 2050 stehen damit im Einklang. Um diese Ziele zu erreichen wird das Land in den kommenden Jahren erhebliche finanzielle Mittel aufwenden. Dabei handelt es sich jedoch nicht um Fördermittel für den Standortsicherungsvertrag, sondern um Mittel, die Ökologie und Ökonomie an der Ems im Sinne des Masterplans nachhaltig in Einklang bringen sollen.

Neues Archiv: Lässt der Standortsicherungsvertrag 2030 die Verbesserung des ökologischen Zustandes der Ems, wie in der Wasserrahmenrichtlinie der EU gefordert, wirklich zu?

Ja, ansonsten wären die Verhandlungen zum Masterplan Ems 2050 obsolet gewesen. Standortsicherungsvertrag und Masterplan widersprechen sich nicht, sondern ergänzen sich hinsichtlich Zielrichtung und Inhalten. Ich bin auch persönlich überzeugt davon, dass das Bekenntnis zum Standort Papenburg nicht die Vorgaben der EU konterkariert, sondern damit vereinbar ist. Unser gemeinsames Ziel ist es, diese scheinbar widerstreitenden Interessen nachhaltig in Einklang zu bringen – die erfolgreichen Verhandlungen zum Masterplan haben gezeigt, dass dies gelingen kann.

Neues Archiv: Was wären eigentlich die Folgen gewesen, wenn die EU alleine die Regeln zur Sicherung des ökologischen Zustandes der Ems gesetzt hätte?

Auch und vor allem im Interesse der Landwirte in der Region konnte die ursprünglich von der EU-Kommission formulierte Forderung nach 1500 Hektar Renaturierungsflächen durch die Verhandlungen zum Masterplan Ems 2050 auf die Hälfte reduziert werden. Allein das ist schon ein großer Erfolg.

Zudem wären durch ein drohendes Vertragsverletzungsverfahren der Kommission wegen bislang unzureichender Maßnahmen und Richtlinienumsetzung zur Verbesserung des Erhaltungszustandes der Natura 2000-Gebiete an der Ems möglicherweise Strafzahlungen in dreistelliger Millionenhöhe auf die Bundesrepublik Deutschland – respektive das Land Niedersachsen – zugekommen. Auch dies konnte abgewendet werden, da der Masterplan die letzte von der Kommission akzeptierte Möglichkeit war, ein solches Verfahren abzuwenden. Die Kommission hat den Masterplan mittlerweile ausdrücklich begrüßt und den Vertragspartnern zu diesem Erfolg gratuliert.

Neues Archiv: Das andere große Thema bei der Frage der Erhaltung unserer Flusslandschaften ist die Elb-Vertiefung. Können Sie uns zum Schluss noch sagen, wie es beim Thema der Elb-Vertiefung in Zukunft weitergeht?

Hamburg hatte im Februar 2002 einen Antrag auf eine weitere Anpassung der Fahrrinne von Unter- und Außenelbe an die Erfordernisse der Containerschifffahrt beim heutigen Bundesministerium für Verkehr und digitale Infrastruktur (BMVI) gestellt. Im Verlauf des Planfeststellungsverfahrens sind die Belange der Wasserwirtschaft und der Landeskultur im Sinne Niedersachsens bzw. der Menschen der Region erfolgreich verhandelt worden. Im Ergebnis konnten alle für Niedersachsen rechtlich einvernehmensrelevanten Punkte geklärt werden. Die vorherige Niedersächsische Landesregierung nahm daher den Entwurf der Einvernehmenserklärung am 3. April 2012 zur Kenntnis, in Folge dessen erteilte der Niedersächsische Landesbetrieb für Wasserwirtschaft, Küsten- und Naturschutz (NLWKN) als zuständige Behörde am 3. April 2012 sein Einvernehmen zur Feststellung des Plans. Das Bundesverwaltungsgericht (BVerwG) hat nun das dort anhängige Verfahren ausgesetzt, um zunächst die Entscheidung des Europäischen Gerichtshofs (EUGH) zur Weser abzuwarten. Diese wird Ende 2015/Anfang 2016 erwartet. Der Träger des Vorhabens zur Fahrrinnenanpassung Tideelbe wird die Maßgaben des EuGH bei der weiteren Planung zu berücksichtigen haben. Die Fahrrinnenanpassung der Elbe ist nicht nur für den Hafenstandort Hamburg, sondern auch für die umliegende Region von großer Bedeutung. Rund 30 000 Niedersachsen arbeiten im Hamburger Hafen und dessen Umfeld. Daher hat sich auch die jetzige Niedersächsische Landesregierung in ihrem Koalitionsvertrag zu dem Vorhaben bekannt.

Das Interview führte Dr. Arno Brandt.

Natürliche Fließgewässersysteme in Niedersachsen

Richard Pott

Fließgewässer entstehen als primäre Entwässerungssysteme des Festlands. Das Funktionsprinzip „Fließgewässer" unserer Bäche und Flüsse basiert auf Höhendifferenzen mit entsprechender Reliefenergie bzw. auf geneigten Flächen in Kombination mit Wasserüberschüssen in höhergelegenen Gebieten. Dem freien Gefälle folgend, fließen nicht speicherbare Wasserüberschüsse über die Fließgewässer der Nordsee zu. Der natürliche Verlauf und die Entwicklung von Fließgewässersystemen werden dabei wesentlich von der Erodierbarkeit des Untergrundes bestimmt. Neben natürlichen Fließgewässern existieren vielfältige anthropogene, in ihrer Struktur und Funktion vergleichbare Gewässersysteme. Hierzu gehören künstliche Wasserstraßen sowie Gräben- oder Kanalsysteme für Ent- oder Bewässerung.

Einleitung

Die Schlagzeilen zur Flutkatastrophe an Donau, Elbe, Saale, Mulde und Elster im Sommer 2013 zeugten nicht nur von Entsetzen und Fassungslosigkeit, sondern auch von offenbar großem Unverständnis des Themas. Flüsse sind komplexe ökologische Systeme. Sie sind aber auch weit mehr als bloße Wasserstraßen: Als Transportwege zu Siedlungsräumen sind sie seit Jahrhunderten die Lebensadern unserer Zivilisation.

Alles Wasser, das als Niederschlag auf die Erdoberfläche fällt, fließt von Quellen in Bächen und Flüssen zum Meer. Dort verdunstet Wasser, so dass sich neue Regenwolken bilden. Das ist der ewige Kreislauf des Wassers, der seinem Umfang nach wichtigste Prozess an der Erdoberfläche. Es regnet nicht immer gleich viel; deshalb fließt auch nicht immer gleich viel Wasser ab. Ein Teil davon wird zeitweise gespeichert, in Schnee und Eis, in Seen, im Boden, im Humus und in der oberflächennahen Vegetation. Daher schwellen Fließgewässer nach starken Regengüssen weniger stark an, und daher trocknen viele Flüsse in regenarmen Perioden nicht aus. Doch Wasserstände sind niemals konstant: Es gibt Phasen von Hoch- und Niedrigwasser (Küster 2007, 2013), und die sind meist vorhersagbar (Pott 1990).

Verteilung und Dichte der Fließgewässersysteme

Die gegenwärtige Form der mäandrierenden, in die Niederterrasse eingetieften und auf wenige Flussrinnen konzentrierten Flusssysteme bildete sich erst zu Beginn des Holozäns ab 9500 v. Chr. Durch flächenhafte Erosion entstanden an den Ober- und Mittelläufen der Flüsse, in die Niederterrassen eingetieft, die Talauen als natürliche Standorte der heute weitgehend vernichteten Auenwälder. Die heute mächtigen Auenlehme vor allem an Weser und Elbe wurden aber erst nach den Waldrodungen mit der Schaffung großer waldfreier, der Erosion ausgesetzter Flächen seit dem Neolithikum seit dem 6. Jahrtausend v. Chr. abgelagert. Ihren Höhepunkt erreichte die Sedimentation von Auenlehmen jedoch in der Zeit der größten Waldzerstörung seit dem Mittelalter; sie dauerte bis in das 18. Jahrhundert.

Fließgewässer sind wie Stillgewässer nicht regelmäßig verteilt. In den unterschiedlichen Naturräumen haben sich jeweils typische Fließwasserdichten bzw. spezifische Fließgewässersysteme herausgebildet. Die Gewässerdichte ist dabei abhängig von der Wasserdurchlässigkeit

Abb. 1: Die Aller bei Ahlden durchfließt als typisches Geestgewässer das ehemalige Aller-Weser-Urstromtal und ist auf weiten Strecken durch eine Weichholzaue mit Salix viminalis und Salix alba gekennzeichnet. Wegen ihrer geringen Fließgeschwindigkeit wachsen Stillwasserelemente im Flussbett, wie es die Schwimmblätter von Nuphar lutea bezeugen (Foto: R. Pott 2010)

des Untergrundes, vom Alter der Abflusssysteme und von den Niederschlagsbedingungen. Wenig wasserdurchlässige, tonige Gesteine erzwingen beispielsweise einen erhöhten Oberflächenabfluss, der sich in einer Vielzahl weitverzweigter Abflusssysteme manifestiert. Poröse und klüftige Sand- oder Kalksteine oder auch überwiegend sandige Lockergesteine weisen aufgrund einer höheren Sickerwasserbildung nur einen geringen Oberflächenabfluss auf; das Gewässernetz ist deshalb hier weniger eng und verzweigt. So unterscheiden wir in Niedersachsen in den verschiedenen Naturräumen jeweils charakteristische Fließwassertypen: Geesttyp, Moortyp, Lösstyp und Marschentyp (Abb. 1–3).

Abb. 2: Die Aue entwässert das Bederkesaer Moor; dieses Moorgewässer ist wegen seines hohen Huminsäuregehaltes kaffeebraun gefärbt. Im Hintergrund der Bederkesaer See (Foto: R. Pott 2011)

Abb. 3: Das Friedeburger Tief entwässert die Zeteler Marsch in die Jadebucht. Dieses tideoffene Marschengewässer wird bei Hochwasser der Nordsee gelegentlich mit Salzwasser geflutet (Foto: R. Pott 2014)

Worin unterscheiden sich Bach, Fluss und Strom?

In erster Annäherung können Bäche als Fließgewässer mit relativ geringer Wassertiefe und insgesamt kleinem Gewässerquerschnitt und den daraus resultierenden starken Interaktionen bzw. Kreuzeffekten zwischen Wasserkörper, Gewässersohle, Ufer und unmittelbar angrenzender Ufervegetation definiert werden. Hierbei stehen Wasser- und Ufervegetation meist in unmittelbarem Kontakt; gleichzeitig erreichen an naturnahen Gewässerabschnitten die uferbegleitenden Gehölze normalerweise einen Kronenschluss über dem Wasserkörper und schränken somit den Lichtgenuss für Wasserpflanzen ein.

Im Gegensatz dazu dominiert bei Flüssen aufgrund des großen Abflussquerschnittes der Wasserkörper gegenüber der Uferzone. Ufergehölze beschatten auch unter natürlichen Bedingungen allenfalls randliche Gewässerzonen, wodurch im Wasserkörper zumindest oberflächennah größere Lichtmengen verfügbar sind. Allerdings sind die zentralen Tiefenbereiche in Flüssen aufgrund von Strömung und endogenem Lichtmangel vielfach nicht durch Makrophyten besiedelbar.

Ems, Weser und Elbe erfüllen zumindest an ihren unteren Laufabschnitten die Kriterien für einen Strom, einen großen Fluss mit einer durchschnittlichen Wasserführung von mehr als 2000 Kubikmetern pro Sekunde. Ströme haben eine ausgeglichene Längsprofilentwicklung und sind in der Regel schiffbar (Abb. 4). Ihre trichterförmig erweiterten Flussmündungen in die Nordsee unterliegen der Gezeitenströmung und haben Brackwasser und werden als Ästuare bezeichnet. Sie sind entstanden, weil ihre jeweilige Materialschüttung geringer ist als die abtragende Wirkung von Ebbe und Flut.

Abb. 4: Bei Hatzum erweitert sich die tidebeeinflusste Ems in das Ästuar des Dollart. Ausgedehnte Brackwasserröhrichte sind durch das winterlich-gelbe Stroh des Schilfrohres (Phragmites australis) gekennzeichnet. Besonders die Hatzumer Insel gehört zum Lebensraum dieser einzigartigen Brackwasserröhrichte (Foto: W. Franke)

Typisierung der Fließgewässer

Je nach topographischer Lage, nach morphologischer Vielgestaltigkeit und nach geologischer Ausstattung der Einzugsgebiete differieren die Fließgewässer unterschiedlicher Naturräume zum Teil erheblich voneinander, so in Breite, Fließgeschwindigkeit, Wasserqualität, geogener Fracht und anthropogener Belastung. Außerdem verändern sich natürliche Fließgewässer mehr oder weniger kontinuierlich, sowohl auf zeitlicher als auch auf räumlicher Ebene, wobei unterschiedliche Abflusszustände und Lebensräume im und am Fließgewässer ineinander übergehen (Pott/Remy 2008). So haben beispielsweise Altwasser bei Trockenwetterabfluss den Charakter von Stillgewässern, wohingegen sie bei Hochwasserabfluss unter Umständen nicht unmittelbar von Fließgewässern zu unterscheiden sind. Aufgrund dieser räumlichen, zeitlichen sowie strukturellen Übergänge beinhalten Typisierungen von Bächen und Flüssen immer gewisse Unschärfen bzw. Widersprüchlichkeiten, die aufgrund der Reduktion meist nur weniger Merkmale beruhen.

Eine Gliederung in ökologische Zonen, sowohl im Gewässerlängsschnitt als auch im Gewässerquerschnitt, orientiert sich in erster Linie an primären, abiotischen Umweltfaktoren und sekundär an den entsprechenden Biozönosen. Sie kann daher auch weitgehend losgelöst vom Landschaftsbezug erfolgen. Die häufig kontinuierlichen

Übergänge innerhalb des Längsverlaufs von Fließgewässern nimmt das sogenannte „River-Continuum-Concept" (RCC) von Vannote et al. (1980) auf. Das RCC geht im Idealfall von weitgehend ungestörten Gewässerstrukturen aus, worin auch die natürliche Gewässer- und Ufervegetation mit ihrem Bestandsabfall eingeschlossen ist. Es wird insbesondere die Bedeutung der Gewässermakrophyten sowie die Bedeutung des Potamoplanktons hinsichtlich der Primärproduktion bzw. der Bildung autochthoner Nährstoffe für entsprechende Konsumenten berücksichtigt, da Primärproduktion und Respiration als Schlüsselprozesse im Energiehaushalt von Fließgewässern gelten können. Den zentralen Gesichtspunkt stellt in diesem Zusammenhang die Sukzession im Stoffhaushalt dar, hervorgerufen durch eine allmähliche Verschiebung der Bedeutung allochthoner Nährstoffeinträge zugunsten autochthoner Nährstoffanteile vom Oberlauf über den Mittellauf zum Unterlauf (Tab. 1).

Geogene Nährsalzfrachten sind im Krenal und rhithralen Oberlauf meist nur von geringer Bedeutung. Beide Abschnitte sind von Natur aus sowohl in Silikat- als auch

Färbung/ durchschnittliche Trübung	Wassertyp	Ausgangssubstrat	beispielhafte Vorkommen
braun (klar)	huminstoffreich	Podsolgebiete, Hoch-/ Niedermoore	pleistozäne Sandgebiete, Niederungen
klar (ungefärbt)	silikatisch unter 8°dH	(quartäre, kretazische) Sande, Sandsteine [u.a. Keuper], kristalline Schiefer, Plutonite (Gneis, Granit)	Altmoränen und Sandergebiete des Niedersächsischen Tieflandes
		Marschenböden, Organomarsch (eisenreich), Eisenockergewässer	Küstenmarsch
trüb	schlammführend (schwebstoffreich)	Keupermergel, tonigschluffige Kalksteine, [Lias/Dogger]	Börden
	verunreinigt, detritisch	unspezifisch	allgemein verbreitet

Tab. 1: Gliederung von Fließgewässern in Niedersachsen anhand der Färbung bzw. Trübung bei normalen Strömungs- und Abflussbedingungen (nach Pott/Remy 2008)

in Kalkgebieten oligotroph, also nährstoffarm, und durch die Zufuhr allochthonen, organischen Materials saprobisch geprägt. So kann der natürliche Eintrag organischer Substanz in Waldbächen zu über 40 Prozent aus Laubfall resultieren. Der Anteil der Primärproduktion am Gesamtanteil des organischen Materials ist daher gering. Im Gegensatz dazu überwiegt im potamalen Unterlauf die autochthone Phytomasseproduktion, und damit ist dort der trophische Zustand entsprechend erhöht. Es existieren also kontinuierlich aufeinander folgende, aber nicht eindeutig gegeneinander abgrenzbare Konstellationen von Lebens- und Ernährungsformen. Somit bestehen beim RCC durchaus Parallelen zu sonstigen Längszonierungskonzepten.

Wird ein solches Kontinuum durch abrupte geomorphologische Änderungen im Flussverlauf oder anthropogene Eingriffe unterbrochen, entstehen neue Gradienten. So kann es bei einer Vereinigung gleich großer rhithraler Gewässer und der damit verbundenen Verdoppelung der Abflussmenge zu sprunghaften Änderungen hydromorphologischer Eigenschaften und zugehöriger Talformen kommen, mit Folgen für den Umfang der Primärproduktion. Das zeigen z. B. Zusammenflüsse von silikatoligotrophen Sandbächen der Lüneburger Heide und dystropher Fließgewässer aus Hochmooren (Pott 1999). Ebenso weisen die Fließgewässer der Kulturlandschaften durch anthropogene Eingriffe mit Querbauwerken und Stauhaltungen häufig mehr Diskontinuität als Kontinuität auf. So bleibt das Potamoplankton nur in der Strömung in der Schwebe, sinkt in Stauhaltungen zu Boden und stirbt dort ab. Zudem fehlen nach Eingriffen in die Gewässer vielfach die vom RCC angenommene naturnahe Vegetation, insbesondere die naturnahe Beschattung der Oberläufe von Flüssen. Eine Gliederung in klare, trübe oder durch Huminstoffe gefärbte Fließgewässer ist sinnvoll (Tab. 1). Unterschiedliche Grade von Trübung bzw. Wasserfärbung werden dabei besonders an Einmündungen bzw. Zusammenflüssen sichtbar (Abb. 5).

Abb. 5:
Der Zusammenfluss zweier unterschiedlich schwebstoffreicher Bäche zeigt trotz turbulenter Wasserbewegung anfangs nur eine geringe Durchmischung der beiden Wasserkörper. Konfluenz des Heidebaches Wietze (aus Pott/Remy 2008)

Eine Streuung an im Wasser suspendierten Partikeln schwächt dessen Durchlichtung ab und lässt den Wasserkörper getrübt erscheinen. Der durchschnittliche Grad der Trübung, den ein Fließgewässer in seinem Verlauf erreicht, hängt u. a. vom Untergrund des Einzugsgebietes und von anthropogenen Belastungen ab. Als Trübstoffe kommen feinste mineralische Komponenten wie Tonminerale oder Schluff in Betracht. Dabei setzt eine anhaltende Trübung den umfangreichen Transport suspendierten, feinklastischen Materials aus erodierbaren Locker- und Festgesteinen voraus.

Fließgewässer des Harzes

Dieser Fließgewässertyp ist in Niedersachsen auf die Gebirgsvorländer des Harzes beschränkt. Abhängig vom Relief überwiegen hier Fließstrecken mit hohem Gefälle von 20 bis über 70 Prozent, die erst im Vorland verflachen. Das Fließgefälle kann im Bereich von Hochflächen oder in intramontanen Becken streckenweise deutlich verringert sein.

Von den milchig gefärbten Gletscherflüssen unterscheiden sich diese Fließgewässer hochmontaner Lagen u. a. durch ihr klares bis schwach getrübtes Wasser, das während der Schneeschmelze als sogenannter nivaler Abflusstyp und nach Starkregenereignissen kurzfristig anhaltende, starke Trübung aufweisen kann (Abb. 6).

In besonders steilen Berglagen gibt es Wildbäche mit hoch turbulentem, extrem erosivem Abfluss, z. T. durch enge Taleinschnitte und Klammtäler verlaufend, mit lebensfeindlichen Standortbedingungen für alle Makrophyten. Strömungsgeschwindigkeiten von mehr als 3 Metern pro Sekunde bewirken hier eine starke Tiefenerosion, während Strömungsge-

Abb. 6:
Die Bode unterhalb der Roßtrappe bei Thale ist ein typischer Harzfluss mit hoher Fließgeschwindigkeit
(Foto: R. Pott 2011)

schwindigkeiten von weniger als 3 Metern pro Sekunde bei schwacher Tiefenerosion zu beginnender Seitenerosion führen (Schönborn 1992). Bei geringerem Gefälle sind in schmalen Kerbtälern sowie in breiten, glazigenen Trogtälern bzw. in Sohlentälern gestreckte oder sich natürlich verzweigende, verwildernde Gewässerläufe als „braided river"-Systeme ausgebildet (vgl. Pott 1990, 1996). Solche Fließgewässertypen weisen einen relativ gleichmäßigen Querschnitt mit steilen Uferböschungen auf, die einer gewässerbegleitenden Röhrichtvegetation kaum Platz bieten und in engen Kerbtälern auch keine Auenwälder zulassen. Abgesehen von Hochwasserereignissen nimmt der Flusslauf normalerweise nur Teilbereiche des Hochwasserbettes ein.

Bäche und Flüsse der Mittelgebirge

Dieser Fließgewässertyp ist bezeichnend für die Mittelgebirge montaner bis submontaner Lagen. Die in einer breiten Zone von den höheren Lagen des Weserberglandes und des Teutoburger Waldes vorkommenden Fließgewässer haben ein durchschnittlich geringeres Gefälle. Ihren Ursprung nehmen sie überwiegend in Rheokrenen und Limnokrenen, an die sich aufgrund der hohen Reliefenergie der Mittelgebirge meist ein schnell strömender Bach anschließt.

Mit zunehmender Wasserführung geht ein solcher Mittelgebirgsbach in einen mehr oder weniger großen Mittelgebirgsfluss mit flachen Ufern über. Soweit dieser bei starkem Gefälle mit weitgehend gestrecktem Lauf enge Kerbtäler durchfließt, fehlen häufig nennenswerte Alluvionen für eine uferbegleitende Vegetation. Mit abnehmendem Gefälle und rückläufiger Tiefenerosion führt das Pendeln des Stromstrichs sukzessive zu Seitenerosion und Seitenakkumulation unter Ausbildung ebener Talsohlen mit breiteren Talauen. Trotz der breiten Talauen und trotz des gestreckt bzw. in größeren Radien schwingend verlaufenden Flusses ist für die Montanstufe das weitgehende Fehlen von Altwassern sowie von Stillwasserbezirken größeren Ausmaßes charakteristisch. Erst mit weiter zunehmender Breite der Talsohle weicht der Fluss von seiner gestreckten Form ab und verläuft geschlängelt bis leicht mäandrierend bzw. nach Aufspaltung Nebenarme bildend, durch Sohlen- und Muldentäler mit z.T. mächtigen Alluvionen. Der pendelnde Stromstrich führt zur Bildung lageinstabiler Kiesinseln; es bilden sich steile bis flach einfallende Uferböschungen.

Aufgrund der sehr differenzierten Struktur der mitteleuropäischen Mittelgebirge – sowohl hinsichtlich der jeweils vorherrschenden Gesteine, ihrer Erosionsbeständigkeit als auch hinsichtlich ihrer jeweiligen tektonischen Entwicklung – gibt es keinen einheitlichen Typ des montanen bis submontanen Fließgewässers (Tab. 2).

	Gefälle	Dynamik	Gewässertyp	Längsabfolge der ökologischen Zonen	Höhenstufe (m ü. NN)
Rhithral	stark	Abnahme von Gefälle bzw. Dynamik	Harz - Gebirgs-"Wild"bach	Krenal	hochmontan (über 800)
				Rhithral	
				-	
	mittel		Mittelgebirge Hügelland - Mittelgebirgsbach - Mittelgebirgsfluss	Krenal	montan/ submontan (unter 800)
				Rhithral	
				(Potamal)	
				Krenal	collin (400 bis 120)
				Rhithral	
				(Potamal)	
Potamal	gering		Flachland und Niederterrassen (auch höhere Lagen) - Niederungsbach (Niederungs-Forellenbach) - Fluss - Flussstau (auch höhere Lagen) - Strom	(Krenal)	planar (unter 120)
				(Rhithral)	
				Potamal	
Eupotamal	sehr gering bis fehlend		Flachland: Tiefland - Wiesengraben, Moorgraben - Niederungsbach - Tieflandfluss - Strom (Urstromtäler) - Ästuar (küstennah)	-	euplanar (unter 30)
				-	
				Potamal	

Tab. 2: Übersicht über die Haupttypen der Fließgewässer, ihre Zuordnung zu Höhenstufen und überwiegendem Gefälle sowie den Zusammenhang zwischen Relief bzw. Höhenstufe und dem Umfang der Längszonierung (nach Pott/Remy 2008)

Fließgewässer der Hügelländer

Dieser Gewässertyp ist verbreitet an den Abdachungen der Mittelgebirge zu den Tieflandern, ebenso auf den schwach geneigten Hochflächen der Mittelgebirge wie auch in intramontanen Becken. Vom Charakter her sind einige Bäche der stärker reliefierten pleistozänen Landschaften des nördlichen Tieflandes ebenfalls in diese Kategorie einzuordnen.

Entsprechend zu den vielfältigen geogenen Voraussetzungen sind zudem die Bäche und Flüsse der Hügelländer sehr unterschiedlich ausgebildet. Vielfach handelt es sich auch um die Mittel- oder Unterläufe von Mittelgebirgsbächen. Sie verlaufen gestreckt bis leicht gekrümmt in flachen Mulden- oder weiten Auentälern mit unterschiedlich mächtig ausgebildeten Alluvionen.

Insgesamt ist in derartigen Flussläufen mit deutlich wechselnden Abflussgeschwindigkeiten zu rechnen. Nach dem abnehmenden Gefälle in Niederungsbereichen kommt es hier zu Mäanderbildung und Abschnürung von Altwassern. Stark schwankender Abfluss mit entsprechender Sohlen- und Seitenerosion führt schließlich bei bindigen Ablagerungen zu unregelmäßigen, teilweise hohen und steilen Uferstrukturen mit Abbrüchen und Anlandungen.

Entsprechend zu den wechselnden Strömungsbedingungen ist der Gewässeruntergrund in strömungsreichen Abschnitten steinig bis kiesig, ansonsten kiesig bis sandig; in ruhigen Randzonen kommt es zu eher geringmächtigen Ablagerungen von schluffigem Feinmaterial. Hochwasserabflüsse führen immer wieder zur Bildung und Verlagerung von Kies- und Sandbänken. Ein häufiges Phänomen ist ferner die Ausbildung von sandig-schluffigen Uferwällen, die durch regelmäßiges Übersanden der Ufer bei Hochwasserabflüssen entstehen und von überflutungs- sowie übersandungsresistenten Rohrglanzgras-Röhrichten (Phalaridetum arundinaceae) bewachsen werden (Abb. 7). Besonders in Einzugsgebieten, die aufgrund der orographischen Situation häufiger von starken Steigungsregen betroffen sind, kann es mehrfach im Jahr zu großen Abfluss- und Wasserspiegelschwankungen kommen, die länger anhaltende Überflutungen der Auen nach sich ziehen können.

Die Fließgewässer des Hügellandes befinden sich in einer Übergangszone zwischen Potamal und Rhithral. Die Quellbäche und andere schnell strömende Gewässerabschnitte haben oft rhithralen Charakter. Gegenüber den typischen Fließgewässern der Mittelgebirge ist der Anteil potamaler Gewässerabschnitte jedoch deutlich größer oder überwiegt, bezogen auf die gesamte Lauflänge des Flusses. Durch die verringerte Strömungsgeschwindigkeit nehmen Turbulenzen an der Wasseroberfläche ab, entsprechend geht die Bedeutung des physikalischen Sauerstoffeintrages zurück (Abb. 7).

Die Nährstoffsituation ist sehr unterschiedlich. Soweit es sich um die Mittel- oder Unterläufe von Gebirgs- oder Mittelgebirgsflüssen handelt, muss von einer natürlichen Nährstoffanreicherung auf mesotrophem bis schwach eutrophem Niveau ausgegan-

Abb. 7:
Das Flussbett der Möhne ist an beiden Ufern mit dem überströmungsresistenten Rohrglanzgras (*Phalaris arundinacea*) gesäumt. Im Stromstrich wachsen die rheophytischen Hahnenfußbestände des Ranunculetum fluitantis (Foto: R. Pott 1980)

gen werden. Ansonsten ist zumindest in unbeeinträchtigten Bächen mit oligo- bis mesotrophen Nährstoffbedingungen zu rechnen, die sich in carbonatreiche und carbonatarme Typen differenzieren lassen. Die von Natur aus mäßig nährstoffreichen Gewässer sind heute weitgehend eutroph und aufgehärtet; sie weisen ganzjährig oder zeitweilig hohe Schwebstoffführung auf mit entsprechender Trübung und folglich einer Vegetationsarmut (Remy 1993).

Gefällearme Fließgewässer des Flachlandes bzw. Tieflandes

Fließgewässer planarer Bereiche gehen entweder aus punktuellen Quellen unterschiedlichen Typs bzw. aus diffusen, aber kühlstenothermen Grundwasserzutritten hervor, oder sie nehmen ihren Anfang in diffusen, nicht unbedingt kühlstenothermen Wasseransammlungen grabenähnlicher Strukturen von Niederungen. Solche Strukturen sind heute fast durchweg zu tiefen Drängräben ausgebaut. Dränagesysteme sind heute deshalb in allen Niederungen landschaftsprägend. Periphere Bereiche solcher Dränagesysteme sind durch periodisches, meist sommerliches Trockenfallen gekennzeichnet, während die permanent wasserführenden Gräben in ihrem Charakter und mit ihren Pflanzengesellschaften zu den Stillgewässern überleiten (Abb. 1).

Soweit sich Quellen und Quellbäche nicht in höher liegenden Randbereichen eines Flachlandes befinden, bleibt hier ihre Fließgeschwindigkeit aufgrund geringer Reliefenergie – im Vergleich zu Fließgewässern der Berg- oder Hügelländer – bereits ab der Quelle relativ gering. Entsprechend ihrem schwachen bis sehr geringen Gefälle ist auch im weiteren Flussverlauf meist nur mit mäßigen bis trägen Strömungen mit kleinen Wasserwirbeln zu rechnen. Die Verweildauer des Wassers wird dabei gegenüber den gefällereichen Gewässern höher und nimmt bei gleichzeitiger Vergrößerung des Gewässerquerschnittes im Flussverlauf zu; gleichzeitig erhöht sich die Jahresamplitude der Wassertemperatur relativ schnell, ebenso die Amplitude der O_2-Konzentration, während gleichzeitig die Sauerstoffkonzentration von der Gewässeroberfläche zum Boden hin abnimmt.

Die Gewässer der leicht reliefierten Flachlandregionen und der jungpleistozänen Moränenlandschaften erfahren zumindest streckenweise ein ausgeprägtes Fließgefälle von 3 bis 7 Prozent, so beim Durchschneiden von Terrassenkanten, von Moränen oder von Sanderflächen. Mit durchschnittlichen Strömungsgeschwindigkeiten von 40 bis 50 Zentimetern pro Sekunde markieren ihre breiten, flachen bis kastenförmigen Flussbetten immer einen leicht gewundenen Flussverlauf. Fehlt dieses Gefälle, beginnen sich Bäche und Flüsse stärker zu winden und typische freie Mäander auszubilden. Mäandrierende Gewässerabschnitte sind deshalb meistens durch stark asymmetrische Gewässerquerschnitte gekennzeichnet mit ausgeprägten flachen, meist verschlammten Gleitufern und hohen, steilen Prallufern. Je toniger der Untergrund einer Aue ist, desto enger werden dort die Radien aller spontan gebildeten Mäander, wohingegen in lockeren, sandig-schluffigen Auen eher weitschleifige Mäander ausgebildet werden. In großen, struktur- und rinnenreichen Alluvionen und in Urstromtälern besitzen kleinere Bäche und kleine Flüsse oft nur streckenweise einen eigendynamischen Verlauf, da sie z. T. alte Fließrinnen des aktuellen Stroms oder des ehemaligen Urstroms nutzen (Abb. 1).

Obwohl die Wasserführung in Tieflandbächen relativ gleichmäßig ist, führt die geringe Eintiefung schon bei kleineren Hochwasserabflüssen zu typischen Ausuferungen, die weite Bereiche der Auen, vor allem die potentiellen Standorte von Hartholzauenwäldern, z. T. großflächig und langanhaltend überfluten können. Heute sind solche Gewässer oft ausgebaut, eingetieft und eingedeicht, so dass der enge räumliche und hydraulische Kontakt zur Aue weitgehend unterbunden ist. Insbesondere an den weiten und flachen Gleitufern bilden sich breite Fließgewässerröhrichte und Weidengebüsche aus, während an den Prallufern oft die Hartholzaue oder ein außerhalb der eigentlichen Aue stockender Waldtyp fast unmittelbar an das Fließgewässer angrenzen. An steilwandigen Ufern sowie tief eingeschnittenen Erosionsstrecken fehlt normalerweise eine typische Ufervegetation.

Bei anhaltender Seitenerosion erfolgen an Prallufern bei Hochwässern regelmäßig Durchbrüche zu angrenzenden Mäanderbögen. Derartig abgeschnürte Mäander werden zu Altwassern, die später nur noch bei Hochwasser durchströmt werden und allmählich durch Ablagerung minerogener und organogener Sedimente an Tiefe verlieren und verlanden. Auf diese Weise entsteht das typische Gewässerinventar der Alluvionen in Flachländern, bestehend aus Flutmulden sowie den Resten der Mäander, die als Stillwasserkomplex aus

Flutrinnen und Altwassern unterschiedlicher Größe längere Zeit überdauern. Die Biodiversität einer Flussaue ist durch die Anzahl solcher Strukturen bestimmt. Das gilt sowohl für die Fließgewässer der Geest wie auch der küstennahen Marsch.

Fazit

Eine der vordringlichsten Aufgaben künftigen Natur- und Umweltschutzes muss es sein, die letzten natürlichen Fließgewässer oder Fließwasserabschnitte um jeden Preis zu erhalten und ausgebaute oder begradigte Fließwasserabschnitte zu renaturieren. Nicht nur Gewässerausbauten und Gewässerbegradigungen der vergangenen Jahre, sondern auch lang- und mittelfristige Veränderungen der Wasserqualitäten haben dazu geführt, dass zahlreiche Fließgewässer und Fließwassersysteme ihren naturnahen Charakter längst verloren haben. Direkte und indirekte, schleichende Trophierungsprozesse durch Kunstdüngung, Stickstoff- und Phosphatdeposition aus der Luft, Schadstoff- und Salzeintrag sowie Grund- und Oberflächenzufluss haben sich besonders in ehemals oligotrophen Sandlandschaften Nordwestdeutschlands ausgewirkt und die nährstoffärmeren den von Natur aus reicheren Fließgewässern angeglichen.

Die generelle Tendenz der Übernahme ursprünglicher Lebensräume zum Wirtschafts- und Konsumgut der Menschen hat im Falle der Fließgewässer aus den hochentwickelten, strukturreichen Ökosystemen tiefgreifend veränderte, oftmals mit gerader Linienführung versehene, laufverkürzte, kanalisierte Systeme geschaffen. Diese zeigen eine erhebliche Differenz zum natürlichen bzw. naturnahen Zustand mit allen Konsequenzen für den Verlust oder drastischen Rückgang charakteristischer Pflanzen- und Tiergesellschaften der Fließgewässer und ihrer Auen. Renaturierungsprogramme als Maßnahmen zur Unterhaltung und Reinhaltung von Fließgewässern einschließlich der Änderung von Nutzungen und Nutzungsansprüchen sind dringend erforderlich. Neben einer Intensivierung der Gewässergüte-Überwachung mit dem Ziel der Verbesserung von Wasserqualitäten müssen Maßnahmen zur Optimierung der ökologischen Gesamtsituation des komplexen Systems „Fließgewässer in seiner Aue" erfolgen.

Literatur

Küster, Hansjörg: *Die Elbe. Landschaft und Geschichte*. München 2007.

Küster, Hansjörg: *Das Werden und Vergehen eines Stroms*. Rotary Magazin 7, 2013, 46–50.

Pott, Richard: *Grundzüge der Typologie, Genese und Ökologie von Fließgewässern Nordwestdeutschlands*. Natur- und Landschaftskunde 26, Teile I, II, Hamm 1990, 25–62.

Pott, Richard: *Biotoptypen. Schützenswerte Lebensräume Deutschlands und angrenzender Regionen*. Stuttgart 1996.

Pott, Richard: *Lüneburger Heide, Wendland und Mittleres Elbtal*. Stuttgart 1999.

Pott, Richard/Remy, Dominique: *Gewässer des Binnenlandes*. 2. Auflage, Stuttgart 2008.

Remy, Dominique: *Pflanzensoziologische und standortkundliche Untersuchungen an Fließgewässern Nordwestdeutschlands*. Abhandlungen aus dem Westfälischen Museum für Naturkunde 55 (3), Münster 1993.

Schönborn, Wilfried: *Fließgewässerbiologie*. Jena, Stuttgart 1992.

Turner, Falko/Pott, Richard: *Naturhistorische Perspektive zu fluviatiler Dynamik in Flusstälern Nordwestdeutschlands – Konsequenzen für den Hochwasserschutz?* Wasser – erster Workshop Wasser & Sicherheit, Hannoversches Zentrum für Optische Technologien. Tagungsband Hannover 2012, 54–67.

Vannote, Robin L./Minshall, G. Wayne/Cummins, Kenneth W./Sedell, James R./Cushing, Colbert E.: 1980. *The river continuum concept*. Canadian Journal of Fisheries and Aquatic Sciences 37, 1980, 130–137.

Flussgeschichte in Niedersachsen

Richard Pott, Joachim Hüppe, Hansjörg Küster
und Falko Turner

Flüsse und ihre Auen gehören von Natur aus zu den eindrucksvollsten und ökologisch vielseitigsten Komponenten unserer mitteleuropäischen Landschaften. Sie spiegeln normalerweise die außergewöhnliche Dynamik dieser Naturlandschaften wider. Diese sind jedoch auch in Niedersachsen – wie fast überall in Europa – von Menschen überformt worden, so dass deren ursprünglicher Charakter dabei nahezu vollständig verloren gegangen ist. Das trifft vor allem für die Ems zu, den nordwestdeutschen Pleistozänfluss, der als einziger in Europa von seiner Quelle in der Senne bis zur Mündung in die Nordsee ausschließlich durch eiszeitliche Sandlandschaften fließt und deshalb einzigartig ist (Pott 1996, 1999, Pott/Hüppe 2001). Auch die Ströme und Flusstäler von Weser und Elbe sind weitestgehend ihrer ursprünglichen natürlichen Vegetation beraubt; in ihren Auenbereichen unterliegen sie mehr oder weniger starker Eutrophierung durch Grundwasser, Frühjahrs- oder Sommerhochwässer, direkten Zuflüssen tributärer Systeme sowie oberflächlich ablaufendem Wasser aus landwirtschaftlich genutzten Flächen. Sie haben trotz ihrer unterschiedlichen Herkunfts- und Einzugsgebiete in Niedersachsen ein recht einheitliches hydrochemisches und physikalisches Milieu und müssen aufgrund ihrer Produktionskraft als eutroph bis hypertroph eingestuft werden (Pott 1990). Wie ist es dazu gekommen?

Holozäne fluviatile Dynamik in Flusstälern Niedersachsens

Die Ursprünge unserer großen Flusssysteme, wie beispielsweise der Elbe und der Weser, die in ihren Quellbereichen und ihren Ober- und Mittellaufabschnitten in die Festgesteine der europäischen Mittelgebirge eingetieft sind und dort nicht nennenswert im Quartär überprägt wurden, lassen sich bis in das Vorquartär zurückverfolgen. Im Quartär erfolgten im gesamten nordwestdeutschen Tiefland mehr oder weniger starke glaziale Flussprägungen, die sich am deutlichsten in den Altmoränengebieten der Saale-Vereisung in Norddeutschland manifestiert haben. Die meisten Flussgebiete zwischen Ems und Elbe haben sich aber erst im Spätglazial in ihrem gegenwärtigen Verlauf herausgebildet. Zahlreiche Arbeiten aus dem Institut für Geobotanik der Leibniz Universität Hannover sind zu diesem Thema der Flussgeschichte und Flussentwicklung um die Elbe und ihre Nebenflüsse, die Weser und Ems und ihre Einzugsgebiete in den letzten 25 Jahren entstanden (Pott 1990, Caspers 1993, Remy 1993, Freund 1994, Beug 1995, Burkart et al. 1998, Küster/Pötsch 1998, Mathews 2000, Hoppe 2002, Pott/Hüppe 2001, Turner 2012, Turner/Pott 2012 sowie Turner et al. 2013). Auf diese Arbeiten beziehen sich die nachfolgenden Altersangaben sowie die Aussagen zur Typologie und Biogeographie der genannten Fließgewässersysteme. Eine erste zusammengefasste überregional gültige Darstellung dieses

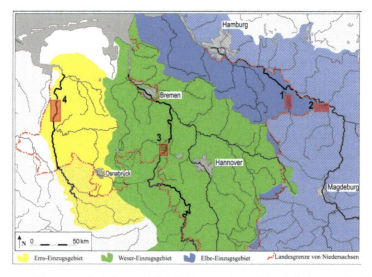

Abb. 1: Einzugsgebiete von Elbe, Weser und Ems in Nordwestdeutschland mit der Lage der Studiengebiete: 1: Jeetzel-Niederung, mittleres Elbtal (Turner et al. 2013); 2: Wische/Mittelelbe (Caspers 2000); 3: Stolzenau/Mittelweser (Lipps/Caspers 1990, Caspers 1993); 4: Mittlere Ems (Pott/Hüppe 2001). Die eingerahmten Flächen 1–4 sind die Orte der paläoökologischen Untersuchungen (eigene Darstellung)

Themas findet sich im Lehrbuch über die „Gewässer des Binnenlandes" bei Pott/Remy (2008).

Wegen des Permafrostbodens sowie wegen der großen Geschiebefracht existierten im Einflussbereich der quartären Vereisungen bis zum Ende der letzten Kaltzeit breit angelegte Rinnensysteme miteinander verflochtener, anastomosierender, kaum eingetiefter Flüsse, der „Braided-River-Systeme", einer Form, die heute noch in arktischen und alpinen Regionen ausgebildet ist (u. a. Pott 1992). Wir haben diese jüngst auch für das Elbe-Jeetzel-Flussgebiet im Hannoverschen Wendland nachgewiesen (Abb. 1; Turner 2012).

Während der letzten Eiszeit waren die Flussläufe von Elbe, Weser und Ems nach bisherigem Kenntnisstand einheitlich als Braided-River-Systeme ausgeprägt (Abb. 2), welche durch ein Netz aus vielen flachen, instabilen Rinnen gekennzeichnet sind und allgemein die typische Abflussform unter kaltzeitlichen Bedingungen mit Permafrost und extremen saisonalen Schwankungen der Abflussrate darstellen (Vandenberghe 2001).

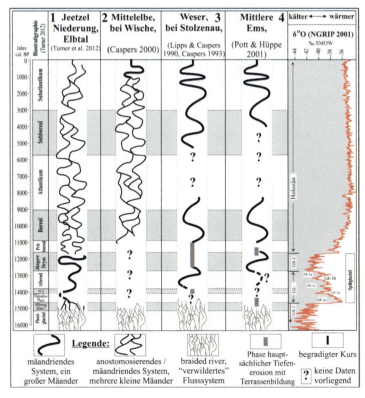

Abb. 2: Modell der spät- und nacheiszeitlichen Entwicklung des Abflussverhaltens von Elbe, Weser und Ems mit Vergleich zur Klimaentwicklung (aus Turner 2012)

Mit der sprunghaften Klimaerwärmung zu Beginn des Spätglazials vor etwa 14 600 Jahren begannen die Flussverläufe, sich in das Flussbett einzuschneiden und den Abfluss in wenigen Rinnen zu konzentrieren. Mit Beginn des Allerøds lassen sich mäandrierende und gewundene Systeme mit einem einzelnen aktiven Flusslauf für die Weser, die Ems sowie die Jeetzel, einen Nebenfluss der Elbe, nachweisen, während für die Elbe bisher keine konkreten Daten vorliegen (vgl. Lipps/Caspers 1990, Caspers 2000, Pott/Hüppe 2001, Turner et al. 2013). Die jeweilige einzelne Flussrinne war dabei sehr groß, an der kleinen Jeetzel beispielsweise erreichte sie etwa die zehnfache Breite heutiger Flussläufe.

Unterschiedlich erfolgten dann die Reaktionen der Flusssysteme auf die drastische Abkühlung zu Beginn der Jüngeren Dryas, der letzten, etwa 1100 Jahre andauernden Kälteperiode der Eiszeit. Während an der Weser eine Phase der Tiefenerosion mit Terrassenbildung einsetzte (Caspers 1993), blieben die Abflussregime der Jeetzel im Elbe-System und der Ems zunächst mäandrierend (vgl. Abb. 2). Dabei lässt sich im Elbe-System generell keine Phase späteiszeitlicher oder holozäner Terrassenbildung nachweisen, an der Ems erfolgte diese auf unterschiedlichem Höhenniveau schon mit Beginn des Spätglazials.

Erstaunliche Unterschiede bestanden auch im holozänen Abflussverhalten von Ems, Weser und Elbe: Während sich an Weser und Ems mäandrierende Systeme nachweisen lassen, die den heutigen ähnlich waren, herrschte im Elbe-Einzugsbereich ein anastomosierendes System vor, unter Bildung mehrerer bis vieler kleiner, relativ stabiler und mäßig tiefer Flussrinnen (Caspers 2000). Ein Wechsel auf das heutige mäandrierende System mit einer einzelnen Rinne erfolgte hier – vermutlich durch anthropogene Landschaftsveränderungen ausgelöst – innerhalb der letzten 1000 Jahre (vgl. Abb. 2).

Insgesamt scheint damit zunächst eine Kopplung der Entwicklung von klimatischen und fluviatilen Prozessen zu bestehen, zumindest innerhalb der drastischen Klimaveränderungen im Übergang von der letzten Eiszeit zur Warmzeit. Insbesondere die detaillierten Untersuchungen an der Jeetzel zeigen beträchtliche zeitliche Verschiebungen zwischen Klimawandel und fluviatiler Dynamik (Turner et al. 2013): So setzte die Tiefenerosion der Jeetzel schon etwas vor der Erwärmung zu Beginn des Spätglazials ein und kann damit nicht deren Reaktion dargestellt haben, denn die Abkühlung hin zur Jüngeren Dryas löste keine direkte Reaktion des Flusssystems aus (vgl. Abb. 2). Grundlage der hier durchgeführten paläoökologischen und paläohydrologischen Untersuchungen von Turner (2012) bilden Sedimente abgeschnittener, inzwischen verlandeter Flussrinnen, in denen unter Sauerstoffabschluss Sporen und Pollenkörner, Reste von Mikroorganismen sowie pflanzliche und tierische Makroreste über Jahrtausende konserviert wurden. Der Verlauf der ehemaligen Flussrinnen wurde mittels digitaler Höhenmodellierungen und geologischer Feinkartierungen rekonstruiert (vgl. Berendsen/Volleberg 2007). Detaillierte Transektbohrungen gaben dabei einen möglichst genauen Einblick in Rinnenform und Lithostratigraphie der verfüllenden, zumeist limnischen Sedimente.

Mittels chronologischer (Radiokarbon- und OSL-Datierungen) und biostratigraphischer Verfahren (Pollenanalyse) wurden absolute und relative Alter einzelner Flussrinnen bestimmt sowie mit Hilfe von Pollen- und Makrorestanalysen und geochemischen Messverfahren Informationen über vergangene Umweltbedingungen ermittelt. Aus der Kombination räumlicher (Flussverlauf, Rinnenform, Position einzelner Sedimenteinheiten) und zeitlicher Informationen (Radiokarbonalter/biostratigraphische Zeitphase der Rinnenfüllung) erfolgte die Rekonstruktion der vergangenen Flusssystementwicklung, wobei gegebenenfalls auch Niveaus ehemaliger Flutereignisse bestimmt werden konnten.

Umweltrekonstruktionen deuten darauf hin, dass die Vegetation im Einzugsgebiet eine wichtige Rolle in der Steuerung der Gewässernetzentwicklung einnahm (vgl. Huisink 2000). So trug eine die Kälteperiode überdauernde Vegetationsdecke aus Kiefernwäldern an der Jeetzel dazu bei, die Böden trotz Auftreten von zeitweisem Permafrost zu festigen, somit die Sedimentfracht im Fluss niedrig zu halten und das System insgesamt zu stabilisieren. Ebenso zeigen Untersuchungen an heutigen Flussläufen die wichtige stabilisierende Funktion einer intakten Vegetationsdecke in Flusstälern (Gradziński et al. 2003).

Um eine Reaktion des Flusssystems auszulösen, ist zudem nicht nur die Stärke des klimatischen Faktors ausschlaggebend. So belegen Untersuchungen an der Jeetzel, dass zwei Perioden starker Flutereignisse mit Erosion und abrupter Neubildung von Flussrinnen an einen Wechsel von niedrigen zu hohen Wasserständen – eine Veränderung von trockenerem hin zu feuchterem Klima anzeigend – gebunden waren, hohe Wasserstände allein jedoch keine Erosionsphase auslösten (Abb. 3).

Die besondere Einsenkung der Auen in die Niederterrassen an der Ems vollzog sich phasenhaft; dabei wird die Entstehung der unteren Niederterrasse in die jüngere Dryas eingestuft (ca. 12 600 – 11 500 Jahre vor heute). Rund 2 Meter über dem Niveau der heutigen Talaue und etwa 2 bis 3 Meter unter dem der unteren Niederterrasse befinden sich die spätglazial-frühholozänen Inselterrassen (Abb. 4).

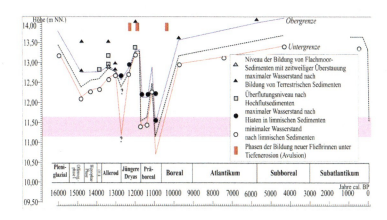

Abb. 3: Ehemalige Wasserspiegelschwankungen in Altarmen der Jeetzel nach der Höhenlage von Gewässer-, Hochflut- und terrestrischen Sedimenten bzw. Bodenbildungen (aus Turner 2012)

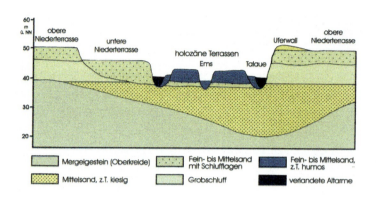

Abb. 4: Querschnitt durch die Flussaue der Ems bei Rheine mit Anordnung der verschiedenen Terrassenniveaus. Die Inselterrasse ist in diesem Querschnitt nicht dargestellt (nach Speetzen 1990 aus Pott/Hüppe 2001)

Durch flächenhafte Erosion entstand gerade am flachen Mittellauf der Ems ferner eine in die jeweiligen Niederterrassenniveaus eingetiefte Talaue, welche sich entsprechend der Genese und der Terrassenzuordnung ebenfalls in zeitlich aufeinander folgende verschiedene Talniveaus von einer fossilen H 1- bis zur heutigen H 4-Talsandaue differenzieren lässt (Abb. 5).

Die Weser verlässt an der Porta Westfalica die Mittelgebirgsregion und tritt hier in das nordwestdeutsche Tiefland ein. Sie fließt heute in nördlicher Richtung. Diesen Verlauf hat der Fluss aber erst nach Ende des älteren Drenthe-Stadiums der Saale-Kaltzeit eingenommen. Während der frühen Saale-Kaltzeit floss die Weser nördlich des Wiehengebirges nach Nordwesten, wie die von ihr sedimentierten Mittelterrassenkiese zeigen, die bis in die Niederlande zu verfolgen sind (Wortmann 1968).

Heute tritt die Weser bei Hoya in das ehemalige Urstromtal der Aller ein; die seit dem Spätglazial mäandrierende Weser schnitt sich also nicht in den früh-saalezeitlichen Untergrund ein, sondern in die Niederterrasse.

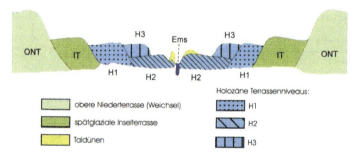

Abb. 5: Querschnitt durch die Flussaue der Ems südlich von Meppen mit Anordnung der verschiedenen pleistozänen (ONT, IT) und holozänen (H1–H3) Terrassen. Hier werden die holozänen Talauenniveaus in ihrer Lage zum Fluss deutlich (nach Wein 1969, aus Pott/Hüppe 2001)

So hat sich beispielsweise die Weser während einer mehrtausendjährigen Erosionsphase zwischen Allerød und Boreal um 6 bis 7 Meter tiefer gelegt, und es entstand der obere und untere Teil der heute kiesgefüllten Weserterrasse zwischen Stolzenau und Nienburg.

Die Vegetation vergangener Zeiten unterlag einem natürlichen Wandel klima- und sukzessionsbedingter Vegetationsfolgen. Daher kann als ursprüngliche natürliche Vegetation jeweils nur ein bestimmter zeitlich begrenzter Abschnitt innerhalb des vegetationsgeschichtlichen Entwicklungsprozesses verstanden werden. Die natürlichen Entwicklungsvorgänge wurden aber bereits zur Eichenmischwaldzeit im Atlantikum (9000 bis 5700 Jahre vor heute) durch die Siedlungstätigkeit der Neolithiker gestört, teilweise sogar vernichtet. Jedoch griff der Mensch in keinen endgültigen, stabilen Vegetationszustand, sondern in ein dynamisches Geschehen ein, das noch längst nicht zum Abschluss gekommen war. Beispielsweise hatten sich Buche und Hainbuche im Holzarteninventar der nordwestdeutschen Wälder noch nicht etabliert. Somit stand die Formierung dieser Arten zu Buchen-, Buchenmisch- und Eichen-Hainbuchenwäldern, die heute zu den dominierenden potenziellen Waldgesellschaften gehören, noch völlig aus. Seit dem jüngeren Atlantikum überlagerte und verzahnte sich also die natürliche Entwicklung der Vegetation mit dem umgestaltenden Einfluss des Menschen. Seitdem kann von einer flächendeckenden ursprünglichen Vegetation nicht mehr die Rede sein. Die Rekonstruktion des Abflussverhaltens von Elbe, Weser und Ems innerhalb der letzten 15 000 Jahre zeigt, dass, obwohl grundsätzlich ein Einfluss von Klima auf fluviatile Dynamik besteht, keinesfalls das Verhalten eines Flusslaufs als direkte lineare Reaktion auf Klimaveränderungen aufgefasst werden kann. Belegt wird ferner, dass bis zu einem gewissen Grad intakte Vegetation dazu beigetragen hat und beitragen kann, ein Flusssystem zu stabilisieren und so entsprechende Auswirkungen von Klimaveränderungen abzumildern.

Einfluss des Menschen auf die Auenlandschaften

Der prähistorische und historische Mensch hat nicht nur direkt, sondern auch indirekt in die vegetationsdynamischen Prozesse eingegriffen, indem er mancherorts die natürlichen Umweltbedingungen, vor allem den Boden, mehr oder weniger nachhaltig beeinflusste, wie wir es am Beispiel der Flussauen immer wieder eindrucksvoll sehen. Zwar dürfte das heutige Verbreitungsmuster der Standortbedingungen in groben Zügen mit demjenigen früherer Zeiten übereinstimmen, im Einzelnen können sich jedoch beträchtliche vom Menschen verursachte Abweichungen ergeben. Dabei spielt jeweils die Wiederherstellbarkeit der ursprünglichen Bedingungen eine entscheidende Rolle. Sie hängt von der Gesamtheit des menschlichen Einflusses mit seinen aktuellen und vergangenen Nutzungen sowie vom standortspezifischen Regenerationsvermögen der Vegetation und des Bodens ab.

Ohne die umgestaltenden Eingriffe des Menschen und seiner Haustiere wären die Flussauen von Ems, Weser und Elbe sowie von deren Seitenflüssen mit Ausnahme der Gewässerbiotope und der Reste lebender Hochmoore auch heute noch von geschlossenen Laubwäldern bedeckt. Die offenen und intensiv genutzten Auenlandschaften unserer Tage werden dagegen weitgehend von nutzungsabhängigen Pflanzengesellschaften beherrscht. Das gilt besonders für das waldarme Gebiet des unteren Mittellaufes der Ems. Die bodenständige Waldvegetation aus Weidengebüschen und -wäldern der Rezentaue, die Hartholzaue der holozänen Terrassen, die Buchenmischwälder der höher gelegenen spätglazial-frühholozänen Terrassen und die Erlenbruchwälder, v. a. der Paläo-

rinnen, blieben nur in forstwirtschaftlich überformten Restbeständen erhalten. Offene Dünenbereiche und intakte Moorflächen (Auenrandmoore) waren von Natur aus waldfrei. Ähnliches gilt für das Weser- und Elbesystem.

Direkt am Emsfluss gibt es einige vom Fließwasser abhängige Biozönosen, die an schwankende Wasserstände der fließenden Welle, Überflutungen und hohe Nährstofffrachten angepasst sind. Der Bereich vom Niedrigwasser bis zum mittleren Hochwasser wird von Einjährigen-Fluren und Rohrglanzgras-Röhrichten besiedelt und als gehölzfreie Aue bezeichnet (Abb. 6).

Oberhalb der gehölzfreien Aue ist die Weichholzaue (*Salicion albae*) ausgebildet, die bis zur Wasserstandshöhe der mittleren Hochwasser vordringt. Weil die Ufer der mittleren Ems streckenweise recht steil sind, werden die Weidengebüsche und Weidenwälder der Weichholzaue dort auf ein schmales Band zusammen-

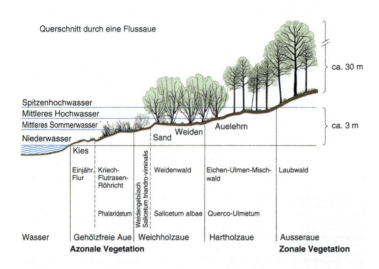

Abb. 6:
Idealisierter Querschnitt durch eine Flussaue mit der Zonation der auentypischen Pflanzengesellschaften (aus Pott 1996)

gedrängt. Die oberhalb davon gelegenen Bereiche sind von Waldgesellschaften der Hartholzaue (Alno-Ulmion) besiedelt. Im Emstal handelt es sich um eine verarmte Ausbildung des Eichen-Ulmen-Auenwaldes ohne nennenswerte Beteiligung der Ulme in der Baumschicht. Sie ist aus der im Vergleich zu anderen nordwestdeutschen Strömen relativen Nährstoffarmut des Emswassers zu verstehen, und der Wald sollte daher besser als Eichen-Auenwald bezeichnet werden. Durch die starke Beteiligung der Hainbuche in der Baumschicht entsteht der Eindruck, es handele sich um Bestände des Eichen-Hainbuchenwaldes (Carpinion), was jedoch nicht der Fall ist. Vielmehr fehlen hier die in nährstoffreicheren Hartholzauen verbreiteten anspruchsvollen Sträucher und eutraphenten Arten der Krautschicht weitgehend, so dass eine floristische Differenzierung zu Eichen-Hainbuchenwäldern unmöglich gemacht wird (Abb. 7).

Abb. 7: Ems südlich von Meppen mit Auwaldresten, offenen Sandflächen und Kulturland (Foto: W. Franke)

Die Hartholzaue der Ems wird von winterlichen Hochwassern regelmäßig überflutet und auch von sommerlichen Spitzenhochwassern noch erfasst. Spitzenwerte und Andauer dieser sommerlichen und in die Vegetationsperiode fallenden Hochfluten verhindern ein dauerhaftes Vordringen der Buche in die holozäne Talaue. Ihre Standorte sind die im Spätpleistozän (Weichsel-Kaltzeit) angelegten Nieder- und Inselterrassen, die sich stets durch deutliche Geländestufen von der tiefer gelegenen, periodisch überfluteten Hartholzaue abheben.

An den flussfernen Geesträndern erreicht die Aue im sogenannten „Hinterwasserbereich" ihren tiefsten Punkt. Hier sind die Strömungsgeschwindigkeiten der Hochfluten am geringsten, so dass tonig-schluffige Sedimente abgelagert werden und stark vernässte, stagnierende Bereiche mit Gleyböden entstehen. Sie werden von Erlen-Bruchwaldgesellschaften besiedelt.

Naturnahe Eichen-Auenwälder und Buchenmischwälder sind wie überall auch an der Ems bis auf kleinflächige Reste (z. B. Biener Busch, Mehringer Altarm) vernichtet und durch Feuchtwiesen und -weiden ersetzt worden. Doch gehen auch diese Primär-Ersatzgesellschaften des Waldes durch Tiefdränage und weitere Meliorationsmaßnahmen heute immer mehr in Intensivgrünland über, z. T. sogar in Ackerland zum Anbau von Mais. Durch massive Veränderungen der standörtlichen Bedingungen, wie Flussausbau, Eindeichungen und Grundwasserabsenkungen, sind auch die verbliebenen Auenwälder meist weit von ihrem Naturzustand entfernt und werden nur noch selten oder gar nicht mehr überflutet. Da sich die Auswirkungen menschlicher und natürlicher Störungen, die für flussbegleitende Standorte bezeichnend sind, meist nicht trennen lassen, ist es schwierig bis unmöglich, den Natürlichkeitsgrad der verbliebenen Auengehölze zu beurteilen.

Literatur

Berendsen, Hendrik Johan Arnold/Volleberg, Koen P.: *New prospects in geomorphological and geological mapping of the Rhine-Meuse Delta – Application of detailed digital elevation maps based on laser altimetry*. In: Netherlands Journal of Geosciences 86, 2007, 15–22.

Beug, Jochen: *Die Vegetation nordwestdeutscher Auengewässer: pflanzensoziologische und standortkundliche Untersuchungen im Ems-, Aller- und Leinetal*. In: Abhandlungen aus dem Westfälischen Museum für Naturkunde 57 (2/3), Münster 1995.

Brown, Anthony G.: *Global environmental change and the palaeohydrology of Western Europe: a review*. In: Gregory, Kenneth John/Benito, Gerardo (Hrsg.): Palaeohydrology – Understanding global change. Chichester 2004, 103–121.

Burkart, Michael/Küster, Hansjörg/Schelski, Anke/Pötsch, Joachim: *A historical and plant sociological appraisal of flood plain meadows in the lower Havel valley, northeast Germany*. In: Phytocoenologia 28 (1), 1998, 85–103.

Burrichter, Ernst/Pott, Richard: *Zur spät- und nacheiszeitlichen Entwicklungsgeschichte von Auenablagerungen im Ahse-Tal bei Soest (Hellwegbörde)*. In: Köhler, Ekkehart/Wein, Norbert (Hrsg.): Natur- und Kulturräume. Münstersche Geographische Arbeiten 27, Münster 1987, 129–135.

Caspers, Gerfried: *Fluviatile Geomorphodynamik und Vegetationsentwicklung im Tal der Weser seit dem Spätglazial*. Berichte der Naturhistorischen Gesellschaft Hannover 135, 1993, 29–48.

Caspers, Gerfried: *Sedimente und Entwicklung des Elbetals im Gebiet der Wische (Sachsen-Anhalt) seit der Weichsel-Kaltzeit*. In: Untere Havel: Naturkundliche Berichte aus der Altmark und Prignitz 10, 2000, 32–43.

Freund, Holger: *Pollenanalytische Untersuchungen zur Vegetations- und Siedlungsentwicklung im westlichen Weserbergland*. In: Abhandlungen aus dem Westfälischen Museum für Naturkunde 56 (1), Münster 1994.

Gradziński, Ryszard/Baryla, Janusz/Doktor, Marek/Gmur, Dariusz/Gradziński, Michael/Kędzior, Artur/Paszkowski, Mariusz/Soja, Roman/Zieliński, Tomasz/Żurek, Slawomir: *Vegetation-controlled modern anastomosing system of the upper Narew River (NE Poland) and its sediments*. In: Sedimentary Geology 157, 2003, 253–276.

Hellwig, Michael/Kunitz, Tobias/Speier, Martin/Pott, Richard: *Untersuchungen zur Syndynamik und Bioindikation von Pflanzengesellschaften im potentiellen Rückdeichungsgebiet Lenzen-Wustrow an der Unteren Mittelelbe*. Auenreport – Beiträge aus dem Biosphärenreservat Flusslandschaft Elbe-Brandenburg, Sonderband 1, Rühstädt 1999, 55–67.

Hoppe, Ansgar: *Die Bewässerungswiesen Nordwestdeutschlands. Geschichte, Wandel und heutige Situation*. Abhandlungen aus dem Westfälischen Museum für Naturkunde 64 (1), Münster 2002.

Huisink, Margriet: *Changing river styles in response to Weichselian climate changes*. Dissertation Universität Amsterdam 2000.

Johnsen, Sigfus J./Dahl-Jensen, Dorthe/Gundestrup, Niels S./Steffensen, Jørgen P./Clausen, Henrik B./Miller, Heinz/Masson-Delmotte, Velerie/Sveinbjörnsdóttir, Arny E./White, James: *Oxygen isotope and palaeotemperature records from six Greenland ice-core stations: Camp Century, Dye-3, GRIP, GISP2, Renland and NorthGRIP*. In: Journal of Quaternary Science 16, 2001, 299–307.

Küster, Hansjörg/Pötsch, Joachim: *Ökosystemwandel in Flusslandschaften Norddeutschlands*. Berichte der Reinhold-Tüxen-Gesellschaft 10, 1998, 61–71.

Lipps, Susanne/Caspers, Gerfried: *Spätglazial und Holozän auf der Stolzenauer Terrasse im Mittelwesertal*. In: Eiszeitalter und Gegenwart 40, 1990, 111–119.

Macklin, Mark G./Lewin, John Lewin/Woodward, Jamie C.: *The fluvial record of climate change*. In: Philosophical Transactions of the Royal Society A 370, 2012, 2143–2172.

Mathews, Anke: *Palynologische Untersuchungen zur Vegetationsentwicklung im Mittelelbegebiet*. Telma 30, 2000, 9–42.

Miall, Andrew D.: *The Geology of Fluvial Deposits*. Heidelberg 1996.

Pott, Richard: *Grundzüge der Typologie, Genese und Ökologie von Fließgewässern Nordwestdeutschlands*. Natur- und Landschaftskunde 26, 1990, 24–62.

Pott, Richard: *Fließgewässer und ihr Lebensraum in geobotanischer Sicht*. Schriften des Vereins zur Verbreitung naturwissenschaftlicher Kenntnisse Wien 130, 1992, 43–79.

Pott, Richard: *Biotoptypen Deutschlands und angrenzender Regionen*. Stuttgart 1996.

Pott, Richard: *Lüneburger Heide, Wendland und Nationalpark Mittleres Elbtal*. Stuttgart 1999.

Pott, Richard/Hüppe, Joachim: *Flussauen und Vegetationsentwicklung an der mittleren Ems. Zur Geschichte eines Flusses in Nordwestdeutschland*. Abhandlungen aus dem Westfälischen Museum für Naturkunde 63 (2), Münster 2001.

Pott, Richard/Remy, Dominique: *Ökosysteme Mitteleuropas. Die Gewässer des Binnenlandes*. 2. Auflage, Stuttgart 2008.

Remy, Dominique: *Pflanzensoziologische und standortkundliche Untersuchungen an Fließgewässern Nordwestdeutschlands*. Abhandlungen aus dem Westfälischen Museum für Naturkunde 55 (3), Münster 1993.

Speetzen, Eckhard: *Die Entwicklung der Flußsysteme in der Westfälischen Bucht (NW-Deutschland) während des Känozoikums*. In: Geologie und Paläontologie in Westfalen 16, 1990, 7–25.

Turner, Falko: *Biogeowissenschaftlich-paläoökologische Untersuchungen zur spätglazialen und holozänen Entwicklung von Landschaft und Flusssystem an der Jeetzel im Mittleren Elbetal*. Dissertation Leibniz Universität Hannover 2012.

Turner, Falko/Pott, Richard: *Naturhistorische Perspektive zu fluviatiler Dynamik in Flusstälern Nordwestdeutschlands – Konsequenzen für den Hochwasserschutz?* In: Tagungsband zum Workshop „Wasser- und Sicherheit" der Leibniz-Universität Hannover, 13.04.2012.

Turner, Falko/Tolksdorf, Johann Friedrich/Viehberg, Finn A./Schwalb, Antje/Kaiser, Knut/Bittmann, Felix/Bramann, Ullrich von/Pott, Richard/Staesche, Ulrich/Breest, Klaus/Veil, Stephan: *Late Glacial/early Holocene fluvial reactions of Jeetzel river (Elbe valley, northern Germany) to abrupt climatic and environmental changes*. In: Quaternary Science Reviews 59, 2013, 1–19.

Turner, Falko/Pott, Richard/Schwarz, Anja/Schwalb, Antje: *Response of Pediastrum in German floodplain lakes to late glacial climate changes*. In: Journal of Palaeolimnology 52, 2014, 293–310.

Vandenberghe, Jef: *A typology of Pleistocene cold-based rivers*. In: Quaternary International 79, 2001, 111–121.

Vannote, Robin L./Minshall, G. Wayne/Cummins, Kenneth W./Sedell, James R./Cushing, Colbert E.: *The river continuum concept*. In: Canadian Journal of Fisheries and Aquatic Sciences 37, 1980, 130–137.

Wein, Norbert: *Akkumulations- und Erosionsformen im Tal der mittleren Ems*. Dissertation Universität Münster 1969.

Wortmann, Heinrich: *Die morphologische Gliederung der Quartärbasis des Wiehengebirgsvorlandes in Nordwestdeutschland*. In: Eiszeitalter und Gegenwart 19, 1968, 227–239.

Anmerkungen zur Untersuchung historischer Hochwasserereignisse in Niedersachsen

Tobias Reeh, Mathias Deutsch und Karl-Heinz Pörtge

Für die Abschätzung des Hochwasserrisikos sind möglichst genaue Kenntnisse über extreme Abflussereignisse eines Gewässers von hoher Bedeutung. Jedoch umfassen die in den Fachbehörden vorliegenden systematischen Datenreihen (Wasserstand [W] und/oder Abfluss [Q]) häufig nur einige Jahrzehnte und enthalten daher nur in Ausnahmen Messwerte von außergewöhnlich schweren und seltenen Katastrophen-Hochwassern. In diesem Fall bietet die Berücksichtigung ergänzender, wasserwirtschaftlich relevanter Quellen bzw. Altunterlagen einen Weg, um Aussagen über Hochwasser der Vergangenheit zu treffen. Zugleich ergibt sich damit die Möglichkeit, langfristige Veränderungen im Abflussverhalten zu erkennen.

Einleitung

Nach schweren Hochwasserereignissen wird in den Medien immer wieder über deren zunehmende Häufung berichtet (vgl. u. a. Pörtge/Deutsch 2012). Da Hochwasser eng mit klimatischen und hydro-meteorologischen Faktoren verknüpft sind, geht die Diskussion um diesen Sachverhalt „vielfach mit der Vermutung einher, daß es sich dabei um Auswirkungen der anthropogen bedingten Klimaveränderung handelt" (Pörtge/Deutsch 2000, S. 140). Ferner konnte man nach den verheerenden Überschwemmungen der letzten Jahre mehrfach feststellen, dass Ereignisse, die in Abständen von nur wenigen Jahren in einem Einzugsgebiet auftraten, regelmäßig als „Jahrhundertflut" betitelt wurden. Hinsichtlich der Klimafaktoren zeichnen sich mittlerweile entsprechende Trends ab, allerdings können diese nicht zwangsläufig auf die Abflussextreme übertragen werden (vgl. u. a. Bormann 2010). Limitierend bei Untersuchungen der langfristigen Entwicklung des Abflussgeschehens ist zumeist die Datenverfügbarkeit. In Niedersachsen reichen die „ältesten Pegelaufzeichnungen [...] [zwar] zurück auf die Mitte des 19. Jahrhunderts", allerdings hat man das Pegelmessnetz analog zu vielen anderen Regionen in Deutschland erst „[im] Laufe des 20. Jahrhunderts [...] fortschreitend ausgebaut [...]", wodurch schließlich „eine gute Dokumentation der hydrologischen Abläufe möglich wurde" (NLWKN 2005, S. 25). Mit einer entsprechenden historisch-naturwissenschaftlichen Herangehensweise ist es jedoch möglich, anhand von Quellen (Handschriften, Drucke, Karten, Hochwassermarken, Fotos etc.) relativ sichere Aussagen über Abflussextreme zu treffen, die weit vor dem Beginn regelmäßiger Pegel- bzw. Abflussmessungen abgelaufen sind (Abb. 1, vgl. u. a. Pörtge/Deutsch 2000, Schmidt 2000). Vor diesem Hintergrund spricht z. B. Henke (2000, S. 142) Hochwassermarken den Charakter von „Proxydaten" zu; Schwichtenberg (1961, S. 38) bezeichnete sie hingegen als „objektive Zeugen geschichtlicher Hochwasser". Sie erlauben zwar nur in wenigen Fällen eine Rekonstruktion historischer Abflussmengen, beschreiben aber, vor allem in Kombination mit Angaben in anderen Quellen, die jeweils erreichten maximalen Hochwasserstände sehr eindrucksvoll (NLWKN 2005). Bei der Arbeit mit historischen Quellen, so z. B. bei der Nutzung von Hochwassermarken oder von mitunter „dramatisierenden" Zeitungsberichten, dürfen die ermittelten Daten bzw. Informationen nicht kritiklos übernommen werden (vgl. u. a. Deutsch et

Rekonstruktion historischer Hochwasserereignisse aus

gedruckten Quellen	handschriflichen Quellen	gegenständlichen Quellen	Karten	Stichen, historischen Fotos	Sedimenten
- Chroniken	- Chroniken	- Hochwassermarken	- Karten von Überschwemmungsgebieten	- Stadtansichten	Datierung über:
- Landesbeschreibungen	- Tagebücher	- Inschriften		- Flugschriften	- ^{14}C-Bestimmung
- Flugschriften	- Schreibkalender	- etc.	- Deichkarten	- Landschaftsansichten	- Pollenanalyse
- Reiseberichte	- Visitationsberichte		- Flußkarten		- Dendrochronologie
- Zeitungen	- Steuersachen		- Bauzeichnungen	- etc.	- etc.
- etc.	- Schadensberichte		- etc.		
	- allgemeine Verwaltungsschreiben				
	- Pegelbücher				
	- wasserwirtschaftliche Unterlagen				
	- etc.				

Abb. 1: Quellen zur Rekonstruktion historischer Hochwasserereignisse (verändert nach Pörtge/Deutsch 2000)

al. 2006, Glaser 2008, Herget 2012). Vielmehr sind sie wechselseitig anhand weiterer, möglichst zeitgenössischer Dokumente zu überprüfen.

Sofern alte Bilder, Stiche und Gemälde von einem Hochwasser vorhanden sind, muss geklärt werden, ob es sich um realitätsnahe Darstellungen handelt. Gelegentlich haben die Künstler, wohl auch im Hinblick auf den Verkaufswert ihrer Bilder, die Situation im wahrsten Sinne des Wortes *„überzeichnet"* (Deutsch/Pörtge 2011). In anderen Fällen waren sie nachweislich nicht im Katastrophengebiet, sondern verarbeiteten nur die ihnen mündlich zugetragenen Nachrichten in phantasievollen Werken. Diese wenigen Punkte mögen genügen, um aufzuzeigen, dass für hinlänglich gesicherte Aussagen über historische Hochwasser nach Möglichkeit vielfältige Quellentypen in die Analysen einbezogen werden sollten. Im Idealfall lassen sich dadurch zu einem historischen Einzelereignis folgende Aussagen treffen (Deutsch/Pörtge 2002):
- zum Hochwasserdatum (ggf. auch stundengenau),
- zu den Hochwasserursachen (z. B. Starkregen, Schneeschmelze usw.),
- zum Gerinnezustand unmittelbar vor einem Hochwasser (z. B. Eisgang, Eisstau),
- zur Größe des Überschwemmungsgebietes,
- zum Ausmaß der Schäden und Verluste und damit im Zusammenhang stehend zu den kurz-, mittel- und langfristigen Folgewirkungen (zu nennen sind u. a. zeitweiliger Mehl- und damit Brotmangel in den Überschwemmungsgebieten infolge zerstörter Wassermühlen, Geschäftsaufgaben nach Totalverlusten usw.),
- zu den Hilfsmaßnahmen für die Hochwasseropfer (etwa die Anordnung von Kollekten durch den Landesherrn, die Abgabe von preiswertem Mehl an besonders Bedürftige etc.).

Im Rahmen interdisziplinärer Forschungen konnten auf diese Weise für zahlreiche Flüsse sog. „Historische Hochwasserchronologien" (ca. 1300 bis 1930) erarbeitet werden (vgl. u. a. Mudelsee et al. 2006, Glaser 2008). Möchte man noch weiter in die Vergangenheit zurückblicken, so können Ablagerungen (z. B. Auenlehme) in den Flusstälern als Indikatoren für die fluviale Morphodynamik herangezogen werden. Im Rahmen entsprechender Verfahren entstehen dann Karten, die es erlauben, Flächen zu identifizieren, die etwa im Holozän von Überflutungen betroffen waren (vgl. z. B. LBEG 2015). Anzumerken ist allerdings, dass bei diesen Darstellungen wasserbauliche Maßnahmen zum Hochwasserschutz sowie Veränderungen des Gerinnes im Laufe der Geschichte in der Regel nicht berücksichtigt worden sind.

Führt man den derzeitigen Kenntnisstand zur Abflussentwicklung seit dem Ende der letzten Eiszeit zusammen, ist bei vielen Fließgewässern vor allem während der „[...] sog. ‚Kleinen Eiszeit' eine Zunahme des Hochwassergeschehens zu beobachten, wobei die Ereignisse überwiegend im Winterhalbjahr auftraten. Die Scheitelabflüsse der Abflussextreme lagen zudem in historischer Zeit erheblich über denen in diesem Jahrhundert" (Pörtge/Deutsch 2000, S. 139, vgl. auch Aussagen bei Schmidt 2000).

Hochwasser und Hochwasserursachen

Als Hochwasser versteht man den Hoch- oder Höchststand der Wasserführung eines oberirdischen Gewässers (HQ oder HHQ), der zumeist mit einer Ausuferung (Überschwemmung) einhergeht. Mittels der sogenannten Jährlichkeit wird die Schwere bzw. Höhe eines Ereignisses beschrieben; so hat etwa ein Jahrhunderthochwasser ein statistisches Wiederkehrintervall von 100 Jahren und wird in der Kurzform als ein HQ_{100} bezeichnet (Pörtge/Deutsch 2012). Hinsichtlich der Hochwassergenese lässt sich zwischen natürlichen und anthropogenen Einflussfaktoren unterscheiden, wobei das menschliche Handeln das Geschehen in seiner Wirkung sowohl verstärken als auch abmildern kann (s. Abb. 2).

Analog zur Einteilung des hydrologischen Jahres in ein Winterhalbjahr (1. November bis 30. April) und ein Sommerhalbjahr (1. Mai bis 31. Oktober) spricht man auch von Winter- bzw. Sommerhochwassern. Die vorrangig temperaturgesteuerten Winterhochwasser haben zumeist eine größere regionale Verbreitung als die niederschlagsgesteuerten Sommerhochwasser (eine besondere Ausnahme stellt das Hochwasser vom Juli 1342 dar, siehe u. a. Herget 2012). Deutlich wird dabei auch, dass sich der anthropogene Einfluss auf das Abflussgeschehen vermindert, je seltener ein Ereignis und je größer das Einzugsgebiet bemessen ist (Pörtge/Deutsch 2012).

Ursachen von Hochwasserereignissen

natürliche Ursachen

Hydrometeorologische Parameter

- Niederschlag (Menge, Dauer, Intensität)
- Schneeschmelze
- Eisversetzung
- Sturmflut

Gebietsparameter

- Einzugsgebiet (Größe, Form, Gefälle)
- Topographie, Relief, Hydrogeologie
- Pflanzenbedeckung

Gewässerparameter

- Flußnetz, -dichte, -länge, -gefälle
- Flußbettgeometrie

der Mensch als Hochwasserfaktor

Gewässerausbau

- Veränderung von Querschnitt, Längsgefälle, Bettrauhigkeit
- Flußbegradigung
- Entzug von Überschwemmungsflächen (Eindeichung)
- Gewässerverlegung

Reduzierung des Niederschlagsrückhaltes im Einzugsgebiet

- Bodenversiegelung
- intensive Land- und Forstwirtschaft
- Waldschäden
- Nutzungsänderungen

Abb. 2: Mögliche Ursachen für Hochwasserereignisse (verändert nach Sächsisches Staatsministerium für Umwelt und Landwirtschaft 1999)

Zur Katastrophe wird ein Hochwasser dann, „wenn menschliches Leben und materielle Werte betroffen sind" (Pech et al. 2007, S. 150). Hierbei ist aus siedlungsgeschichtlicher Perspektive anzumerken, dass die Lage an einem Fließgewässer aufgrund verschiedenster Vorzüge bewusst gewählt wurde. Zu erwähnen sind etwa die Wasserversorgung und -entsorgung, die Nutzung der Wasserenergie oder der Gütertransport. Auch in Niedersachsen liegen daher die „allermeisten Städte und Dörfer [...] an Flüssen oder Bächen" (NLWKN 2005, S. 37). Bis in die Gegenwart hinein hält der Siedlungsdruck auf die Auenbereiche unvermindert an; dementsprechend wächst die Gefahr, bei einer Überschwemmung Schäden zu erleiden. Auf diesen Zusammenhang hat bereits 1927 der damalige Leiter der Preußischen Landesanstalt für Gewässerkunde, Dr.-Ing. Wilhelm Soldan (1872–1933), hingewiesen: „Wenn die Hochwässer der letzten Jahre besonders schwer empfunden worden sind, so liegt dies nicht nur an ihrer ungewöhnlichen Größe, sondern auch daran, dass in unseren Flusstälern viel größere Werte aufgespeichert sind als früher. Die Städte sind gewachsen, Industrie und Bergbau sind in manche Niederung eingedrungen, in der man sie früher vergeblich suchte [...]" (Soldan 1927, S. 237).

Selbstverständlich hat es im Nachgang zu Hochwassern insbesondere seit dem Ende des 18. Jahrhunderts immer auch Diskussionen über entsprechende Schutzmaßnahmen gegeben. So wurde z. B. die Maximalausdehnung des Hochwassers von 1841 auf Veranlassung der königlichen Wasserstraßendirektion Hannover für den gesamten Lauf der Weser in Karten erfasst. Nach den schweren Hochwassern von 1888 und 1890 hat die preußische Regierung im Jahr 1892 sogar einen Ausschuss eingesetzt, der u. a. der Frage nachgehen sollte, welche Maßregeln zukünftig getroffen werden könnten, um der Hochwassergefahr bzw. den Überschwemmungsschäden vorzubeugen. Der Ausschuss bearbeitete nacheinander die verschiedenen Einzugsgebiete im

Gewässerbauliche Maßnahmen	Maßregeln für die Verwaltung
• Beseitigung nachteiliger Holzbestände • Abtragung zu hoher Auflandungen • Beschränkung der Aufstapelung von Materialien im Hochwasserbereich • Beschränkung der Bebauung im Hochwasserbereich	• Einrichtung eines ausreichenden technischen Aufsichtsdienstes • Zusammenwirken der technischen Ämter und Verwaltungsbehörden

Tab. 1: Wesentliche Empfehlungen des Preußischen Ausschusses zur Untersuchung der Wasserverhältnisse in den der Überschwemmung besonders ausgesetzten Flussgebieten (1902)

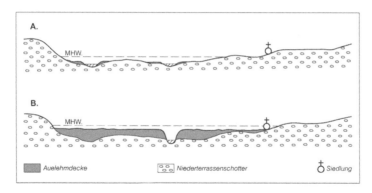

Abb. 3: Hochwasserverschärfung durch Auelehmablagerungen. Situation vor der Auelehmablagerung (A) und nach der Auelehmablagerung (B) (aus Mensching 1952)

Deutschen Reich. Das Ergebnis der Untersuchungen im Weser- und Emsstromgebiet konnte man 1902 vorlegen. Es beinhaltete sowohl technische Maßnahmen an den Flüssen als auch Maßregeln für die Verwaltung (vgl. Tab. 1). Die Ähnlichkeit mit den in der Gegenwart u. a. von Politikern präsentierten Vorschlägen ist beeindruckend und regt zugleich zum Nachdenken an.

Angesichts der in diesem Kontext immer wieder gestellten Frage, warum sich viele Siedlungen so nah an einem Fließgewässer befinden, sollte neben den oben genannten Vorteilen auch auf den Einfluss der hochmittelalterlichen Rodungen hingewiesen werden. Sie führten in vielen norddeutschen Flussauen zu Auelehmablagerungen in Mächtigkeiten von zwei bis drei Metern oder mehr. Dadurch hat sich der vertikale Abstand vieler Siedlungen zu den Gewässern entsprechend verringert, und Hochwasser konnten höher auflaufen (Mensching 1952; Abb. 3).

In der Regel versucht man die intensive Nutzung der Aue, die in ökologisch-morphologischer Hinsicht ein Teilraum des Fließgewässers darstellt (vgl. Abb. 4), durch gewässerbauliche Maßnahmen (z. B. Deiche) abzusichern. „Die vielen Anlagen zum Hochwasserschutz vermit-

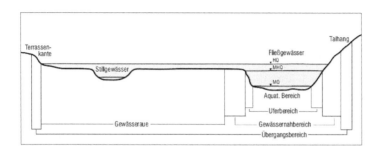

Abb. 4: Schematische Darstellung der ökologisch-morphologischen Teilräume im Querprofil der Fließgewässer (aus Niehoff 1996)

teln allerdings – offenbar immer wieder – ein falsches Bild absoluter Sicherheit vor dem Hochwasser. Die Schutzanlagen sind nämlich nur auf einen bestimmten Abfluss bemessen. Überschreiten die Hochwasserabflüsse die Bemessungswerte, so versagt der Hochwasserschutz" (NLWKN 2005, S. 37).

Das Leine-Hochwasser vom Februar 1909 in Göttingen im Spiegel ausgewählter Quellen

Am Beispiel des Leine-Hochwassers vom Februar 1909 im Raum Göttingen soll mit Hilfe ausgewählter Quellen der besondere Charakter des Phänomens Hochwasser im Spannungsfeld der Mensch-Umwelt-Interaktion verdeutlicht werden. Die Auswahl des Ereignisses von 1909 ist dadurch begründet, dass

1. die historischen, vor 1920 abgelaufenen Leine-Hochwasser im Gegensatz zu extremen Abflussereignissen an anderen niedersächsischen Fließgewässern (z. B. Elbe, Weser, Ems) bisher kaum bearbeitet wurden,
2. die Hochwasser der jüngeren Vergangenheit (vor allem die Ereignisse von 1926, 1946, 1956, 1981 und 2013) bereits systematischer dokumentiert sind und
3. der Fokus der Betrachtung bisher zumeist auf die größeren Städte Niedersachsens gerichtet war (für die älteren Ereignisse vgl. u. a. die Bibliographie von Uhden 1957, vgl. auch die Untersuchungen von Glaser zur Weser 2008).

Den Ausführungen zum historischen Leine-Hochwasser sollen kurze Angaben zum Fließgewässer vorangestellt werden. Die Leine entspringt mehreren Quellen bei Leinefelde (Thüringen) auf der Wasserscheide von Weser und Elbe in einer Senke zwischen Dün und Ohmgebirge (ca. 340 Meter ü. NN). Sie fließt rund 30 Kilometer in westlicher Richtung durch das Eichsfeld, schwenkt dann im Bereich der thüringisch-niedersächsischen Landesgrenze nach Norden ein, um bald darauf im Verlauf des Leinegrabens die Stadt Göttingen zu erreichen. Sie durchquert die Stadt Göttingen von Süden nach Norden auf einer Länge von etwa 7,5 Kilometern. Im Stadtgebiet ist die Talaue in die Besiedlung mit einbezogen worden. Die Leine hat am Pegel Göttingen ein Einzugsgebiet von rund 633 Quadratkilometern (Pegelnullpunkt: NN +140,43 Meter), der mittlere Wasserstand – bezogen auf die letzten 10 Jahre – wird mit 62 Zentimetern angegeben (NLWKN 2014).

An der Leine treten sowohl Winter- als auch Sommerhochwasser auf. Die „Winterhochwässer haben im allgemeinen bei einem großen Spitzenabfluss ein großes Wasservolumen. Sommerhochwässer dagegen steigen schnell bis zu einer Spitze an, fallen [...] aber sehr bald wieder ab und haben daher auch bei großen Spitzenabflüssen nur ein geringes Volumen" (Schmidt 1982, S. 424). Die Abflussereignisse im Winter stehen häufig im Zusammenhang mit einer ungewöhnlich heftigen Schneeschmelze (so in den Jahren 1841, 1909 und 1926). Sie können aber auch vorrangig durch ergiebige Regenfälle verursacht sein (so in den Jahren 1946 und 2002) (vgl. u. a. NLWKN 2005; Weber et al. 2014). Katastrophale Sommerhochwasser ereignen sich vor allem im Zuge von Stark- oder Dauerregenereignissen (z. B. im Juli 1956, Juni 1961, Juni 1969, Juni 1981, September 2007, Mai 2013). Insbesondere seit den 1920er-Jahren und verstärkt durch die Folgen des Katastrophen-Hochwassers vom Juni 1981 (Wasserstand: 384 Zentimeter; gemessener Abfluss am 04.06.1981: 287 Kubikmeter pro Sekunde; NLWKN 2014; Weber et al. 2014, S. 7) hat man bis heute im Stadtgebiet und im Umland von Göttingen zahlreiche Hochwasserschutzmaßen umgesetzt (Wasserrückhaltung, Deichbau, Gerinneausbau etc.). Gleichwohl bleibt der vertikale Abstand zwischen der Talsohle der Leine und dem nach Osten und z. T. auch nach Westen nur flach ansteigenden dicht besiedelten Gelände gering. Dieser Umstand wirkte sich Anfang 1909 beim schweren Hochwasser der Leine (geschätzter Abfluss: 300 Kubikmeter pro Sekunde; vgl. Weber et al. 2014) sehr nachteilig auf die Bevölkerung aus. Da zu diesem Zeitpunkt wirksame Hochwasserschutzsysteme noch weitgehend fehlten, wurden große Teile Göttingens überflutet und hohe Verluste sowie Sachschäden verursacht. Hierüber finden sich in zahlreichen Quellen z. T. detaillierte Angaben.

Nachstehend werden drei unterschiedliche Quellengattungen vorgestellt, die Informationen zum Februar-Hochwasser 1909 liefern. Es handelt sich um

a) Hochwasserberichte aus der Fach- und Lokalpresse sowie aus einer Predigt,
b) eine Überschwemmungsflächenkarte und
c) historische Fotodokumente.

An dieser Stelle kann freilich nur auf ausgewählte Quellen bzw. wasserwirtschaftlich/-baulich relevante Altunterlagen zum Leine-Hochwasser von 1909 eingegangen werden. Dennoch lässt sich bereits dadurch ein exemplarischer Eindruck von den in Archiven, Bibliotheken und Museen vorliegenden hochwasserbezogenen Quellenbeständen vermitteln.

Textliche Darstellungen

Zu den interessanten gedruckten Quellen gehören neben sog. „Denkschriften" und Fachartikeln, die oftmals von leitenden Ingenieuren in den Ministerien und Landesämtern verfasst wurden, auch zeitgenössische Pressemeldungen. Zu nennen sind u. a. Hochwasserberichte in lokalen Tages- und Wochenzeitungen sowie offizielle Verlautbarungen von Kreis- bzw. Stadtverwaltungen in den Amtsblättern. Eine Sonderform stellen die sogenannten „Flut-Predigten" dar. Obwohl viele dieser Drucke vorrangig theologischen Inhalts sind, informieren sie dennoch in ziemlich ausführlicher Art über den Verlauf und die Folgewirkungen eines Hochwassers. Durch die systematische Auswertung der Texte sowie Vergleiche (z. B. mit amtlichen Schadenslisten, die heute in den Stadt- und Kreisarchiven lagern) ist es in vielen Fällen möglich, für einen Bezugsraum relativ präzise Aussagen zum Ausmaß eines historischen Hochwassers zu treffen (Deutsch/ Pörtge 2011).

Einleitend soll aus einem von Dr. Walter Gerbing (1880–1928) im Zentralblatt der Bauverwaltung veröffentlichten Aufsatz zu den hydro-meteorologischen Rahmenbedingungen des Hochwasserwassers vom Februar 1909 zitiert werden (Quellentext 1). Der Verfasser war u. a. an der Landesanstalt für Gewässerkunde im preußischen Ministerium des Innern und als geographischer Redakteur im Bibliographischen Institut in Leipzig tätig. Entsprechend versiert und differenziert beschreibt Gerbing das überregionale Hochwassergeschehen vom Februar 1909, wobei er auch auf die Leine zu sprechen kommt. Diesem Quellentext schließt sich eine zeitgenössische lokale Pressemeldung an, die in recht knapper Form die Ursachen, den Verlauf und das Ausmaß des Leine-Hochwassers von 1909 beschreibt (Quellentext 2). Typisch ist, wie für viele Hochwasserberichte der Gegenwart auch, die Herausstellung des Ereignisses als etwas außerordentlich Besonderes. Vor diesem Hintergrund ist eine vier Tage später abgedruckte Leserzuschrift sehr aufschlussreich, da hier dieser Sachverhalt kundig relativiert wird und darüber hinaus konkrete Ursachen für die Verheerungen des Leine-Hochwassers benannt werden (Quellentext 3). So prangert der [unbekannte] Autor die Intensivierung der Flächennutzung in Bereichen an, die nur schwer vor einem Hochwasser zu schützen sind. Gleichzeitig wird dezidiert der Zusammenhang von baulichen Aktivitäten in der Aue und Hochwassergefahren geschildert. Wichtig erscheint dem Autor offensichtlich auch der Hinweis auf ein angemessenes Hochwasserbewusstsein im Rahmen weiterer Erschließungsvorhaben der Stadt Göttingen zu sein. Dagegen zeigt ein Text anlässlich des 25. Jahrestags der Hochwasserkatastrophe ein uneingeschränktes und verhängnisvolles Vertrauen in die nach 1909 ausgeführten Hochwasserschutzmaßnahmen (Quellentext 4). Abschließend soll nochmals eine Schrift aus dem Jahr 1909 veröffentlicht werden (Quellentext 5). Es handelt sich um einen Auszug aus einer insgesamt acht Druckseiten umfassenden Predigt von Johann Adam Heilmann (1860–1930). Er war Pastor der reformierten Gemeinde Göttingen und sprach am Sonntag nach dem schweren Hochwasser (7. Februar 1909) über den „Nutzen aus dem Schaden". Bemerkenswert an dieser „Flut-Predigt" ist, dass derartige Texte zumeist wesentlich älter sind. Sie datieren in der Regel in das 16. bis frühe 19. Jahrhundert. Angesichts redaktioneller Vorgaben mussten alle hier vorgestellten Quellentexte gekürzt werden. Offensichtliche Schreibfehler (z. B. vertauschte oder fehlende Buchstaben) wurden korrigiert. Orthographische und grammatikalische Eigenheiten sowie der Schreibstil und die aus heutiger Sicht mitunter antiquiert wirkende Diktion wurden weitgehend beibehalten. Einschübe bzw. Textkürzungen sind durch eckige Klammern [...] gekennzeichnet.

Quellentext 1: Das Hochwasser vom Februar 1909

(Walter Gerbing: Das Hochwasser vom Februar 1909. In: Zentralblatt der Bauverwaltung 69, 1909, 457–459 [Teil 1], 72, 1909, 477–478 [Teil 2])

„[...] Die Größe der Regenmengen, die sich vom 3. bis zum 6. Februar über Nordwest- und Mitteldeutschland sowie Teile von Süd- und von Ostdeutschland ergossen, die Schnelligkeit, mit der gleichzeitig ein großer Schneevorrat abschmolz und die Geschwindigkeit und Vollständigkeit, mit der das Schmelz- und Regenwasser auf gefrorenem Boden in die Wasserläufe überging – alle diese Vorbedingungen eines größeren Winterhochwassers näherten sich im vorliegenden Falle wohl der oberen Grenze, die überhaupt dafür angenommen werden kann. [...] Von den so verschiedenartigen Gebieten, aus denen sich das Niederschlagsgebiet der Aller zusammensetzt, hatte [allerdings] nur das den Südwestflügel bildende Leinegebiet starke Hochwassererscheinungen aufzuweisen, vielleicht die stärksten im ganzen Wesergebiet [...]."

Quellentext 2: Hochwasser

(Artikel eines unbekannten Autors. In: Göttinger deutscher Bote – Tageszeitung und Anzeigenblatt für alle Stände, 5. Jahrgang, Nr. 29, 4.2.1909)

„[...] Wir erleben leider in Folge der schnellen Schneeschmelze unter Hinzutritt vom Regen und bei gefrorenem Boden ein Hochwasser, wie es Göttingen seit mehr als einem Menschenalter nicht gesehen hat. Heute früh schon wurde uns mitgeteilt, daß das Wasser auf der Stegemühle 1 Meter, auf der Maschmühle 40 Zentimeter hoch stehe, und die Anlagen des alten Stadtgrabens von der Reichsbank bis zum neuen Tor unter Wasser ständen. Seitdem ist das Wasser noch gestiegen, sodaß man in den genannten Anlagen um 10 Uhr herum die Bänke nicht mehr sah. [...]"

Quellentext 3: Zur Hochwasserkatastrophe

(Artikel eines unbekannten Lesers. In: Göttinger Zeitung – Göttinger Anzeiger. Freie Presse für Stadt und Land, 47. Jahrgang, Nr. 14862, 8.2.1909)

„[...] Wir erhalten folgende Zuschrift: In dem Bericht, welcher Ihr Blatt am 4. d.M. [des Monats] über die so überaus beklagenswerte Hochwasser-Katastrophe brachte, ist angegeben, daß Göttingen noch niemals von einem ähnlichen Unfall betroffen sei. Dies ist nicht richtig, denn [der] Einsender, der noch nicht einmal zu den allerältesten Einwohnern Göttingens gehört, erinnert sich sehr wohl, daß vor Erbauung der Eisenbahn Hannover-Göttingen-Kassel (1850–56) die Gärten an der Groner Chaussee fast bei jedem Frühjahrshochwasser überschwemmt und arg verschlammt wurden, so standen z.B. nach dem sehr harten Winter 1840/41 und der plötzlich erfolgten Schneeschmelze die wenigen vor dem Groner Tor gelegenen Häuser hoch voll Wasser [...]. Beim Bau der Eisenbahn, speziell des Bahnhofes, der einen großen Teil der bis in die städtischen

Anlagen reichenden Maschwiesen, der Göttinger Kuhweide, in Anspruch nahm, wurde es für erforderlich erachtet, die alte steinerne Chausseebrücke über die Leine, vor der sich das Hochwasser in gefahrdrohender Weise staute, zu beseitigen und dem schmalen Leineflusse ein angemessenes Hochwasserbett zu verschaffen, was u. W. auf Kosten der Eisenbahnverwaltung ausgeführt wurde; damals wurde die noch jetzt bestehende hölzerne Brücke als Provisorium, und zwar etwas flussaufwärts von der alten Steinbrücke erbaut, was heute noch an der Chausseeverlegung deutlich sichtbar ist. [...] Durch die Verbreiterung des Leinebettes sind nun allerdings die Hochwasser für Göttingen weniger gefährlich geworden und unseres Erinnerns sind arge Ueberflutungen von Gärten und Wohnungen in den letzten 50 Jahren kaum vorgekommen. Daß sie bei der jüngsten Katastrophe so unheilvolle Folgen für die Bewohner der niedrig gelegenen Stadtteile haben konnten, liegt wesentlich daran, daß man seit etwa 40 Jahren Wohnhäuser auf einem Terrain errichtet hat, das seiner Lage nach wenig dazu geeignet ist. Wir rechnen dazu die Groner Chaussee bis zur Leinebrücke, den Rosdorferweg, nebst Schieferweg und Hasengraben, die Wiesenstraße, den Brauweg und Leinestraße. Es ist deshalb erfreulich, daß sich neuerdings das Streben zeigt, neue Wohnstätten mehr in die höhere Lage, also westlich der Leine und im Osten der Stadt zu gewinnen [...]. Nebenbei sei noch bemerkt, daß sich bei dieser Gelegenheit sehr deutlich herausgestellt hat, wie notwendig die seit mehr als 30 Jahren geplante Höherlegung unseres Bahnhofes ist, dessen Anlage an der Ostseite (statt im Westen) der Stadt vor 60 Jahren geplant und damals leicht auszuführen war, aus uns unbekannten Gründen jedoch unterblieben ist. [...]"

Quellentext 4: Vor 25 Jahren kam die große Flut ... Eine Erinnerung an die Überschwemmungskatastrophe im Februar 1909

(Artikel eines unbekannten Verfassers. In: Göttinger Tageblatt, 46. Jahrgang, Nr. 29, 3./4.2.1934)

„In diesen ersten Februartagen sind 25 Jahre seit der größten Hochwasserkatastrophe vergangen, die Göttingen und das ganze Leinetal in geschichtlicher Zeit betroffen hat. Nach außergewöhnlichen heftigen Schneefällen setzte in den Nachmittagsstunden des 4. Februar 1909 plötzlich Tauwetter mit Regenfällen ein, das die Schneemassen in wenigen Stunden zum Schmelzen brachte. Das damals noch nicht regulierte Leinebett war nicht imstande, die plötzlich hereinbrechenden ungeheuren Mengen vom Schmelzwasser aufzunehmen, das sich infolgedessen hemmungslos über die Ufer ergoß und alsbald das ganze Leinetal in einer Breite von mehreren Kilometern überflutete. Nicht nur ganze Dörfer verschwanden bis zu den Dächern in den gelben reißenden Fluten, sondern auch der ganze im Südwesten und Westen gelegene Teil der Stadt Göttingen stand am Morgen des 5. Februar metertief unter Wasser. Göttingen glich drei Tage lang einer Lagunenstadt. Ganze Straßenzüge waren nur mit Booten passierbar, die Bewohner mußten teilweise über Leitern ihre Wohnungen verlassen, andere suchten in den oberen Stockwerken und auf den Hausböden Schutz vor der steigenden Flut, die alles mit sich fortriß, was nicht niet- und nagelfest war. Die Feuerwehr, das ganze Regiment 82 und ein Pionierkommando sowie zahlreiche freiwillige Helfer hatten Tag und Nacht angestrengte Arbeit zu leisten, um die Bewohner der gefährdeten Straßen in Sicherheit zu bringen, oder sie mit Lebensmitteln zu versorgen. Diese gewaltige Ueberschwemmung war der unmittelbare Anlaß zu dem großen Werk der Leineregulierung, das alsbald nach den Plänen des Stadtbaurats Frey in Angriff genommen wurde und unsere Stadt für alle Zukunft vor der Wiederholung einer derartigen Katastrophe schützt. [...]"

Quellentext 5: Nutzen aus dem Schaden

(Johann Adam Heilmann: Nutzen aus dem Schaden. Predigt gehalten am Sonntag, dem 7. Februar 1909 anläßlich der Überschwemmung in der reformierten Kirche zu Göttingen von Pastor Heilmann, Göttingen 1909, 8 S., hier Auszug aus S. 1–2)

„Das Ereignis der letzten Tage, die große Überschwemmung, läßt unsere Gedanken nicht los. Wer von uns die Fluten in den Straßen und Gärten und Feldern gesehen hat, und wer etwa auch in die betroffenen Häuser eingetreten ist, der wird so schnell von diesen Eindrücken der Verwüstung nicht frei werden können. Aber das Unglück beschäftigt uns auch als Christen, als Menschen, die an Gott glauben; und wir werden die rechte Ansicht darüber gewinnen müssen. [...] Ja, nicht Freude, sondern Traurigkeit scheint uns die Züchtigung zu sein, auch diese Not. Denn unermeßlich große Verluste bringt sie. Die Äcker zum Teil der Krume beraubt, die Wiesen verschlämmt, die Gärten zerrissen, die Wege zerwühlt, die Häuser feucht und zum Teil für Monate unbewohnbar, manche Wohnungen ganz unbrauchbar, die Keller voll Wasser, Nahrungsmittel verdorben, Hausgeräte zerstört, darunter manche liebe alte Stücke, wertvolle Erinnerungen an Eltern, Schriften und Bücher aufgeweicht und zerfallend, alles überzogen mit zähem gelbem Schlamm. Und mit so erschreckender Gewalt und Plötzlichkeit brachen die Wasser herein; man glaubte ja nicht, daß sie dahingelangen würden, wo sie noch nie gewesen waren – aber auf einmal rann das Wasser um die Füße derer, die sich zum Essen um den Tisch gesetzt hatten, und schnell mußten sie fliehen. Unsere Kranken mußten ihre Betten eiligst verlassen. Getrennte Familienmitglieder konnten nicht zueinander kommen und suchten einander. Sorge und Angst um Vermißte und Gefährdete hielt viele in Aufregung. [...]"

Kartographische Darstellungen

Neben den schriftlichen Quellen lagern in vielen Archiven Niedersachsens auch alte Gewässerkarten, Profilzeichnungen, Pläne sowie Skizzen, die einen direkten Hochwasserbezug aufweisen. Gezeigt werden beispielsweise zerstörte Deichstrecken, unterspülte Ufer oder Flussabschnitte, in denen es zu Auflandungen gekommen ist. Äußerst aufschlussreich sind historische Darstellungen von Überschwemmungsflächen. Obwohl in Deutschland für einzelne Flüsse bzw. Flussabschnitte entsprechende Karten schon seit dem Ende des 18. Jahrhunderts existieren, kommt es verstärkt erst ab etwa 1830/40 zur Anfertigung amtlich bestätigter Überschwemmungsflächenkarten und damit zu einem „Qualitätssprung" bei der Dokumentation überfluteter Gebiete. In Preußen regelten dann seit Beginn des 20. Jahrhunderts gesetzliche Verordnungen die Ausweisung von Überschwemmungsflächen („Gesetz zur Verhütung von Hochwassergefahren" von 1905 und „Preußisches Wassergesetz" von 1913; Deutsch/Pörtge 2011). Diese Karten können als Vorläufer der „modernen" Überschwemmungsflächenkarten, wie sie u. a. laut Maßgabe der EU aufzustellen sind, angesehen werden.

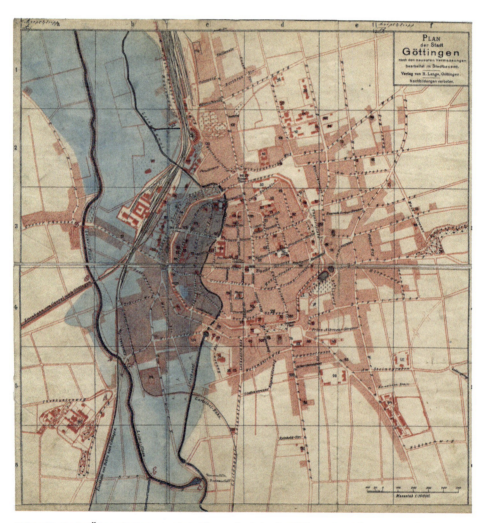

Abb. 5: Karte der Überschwemmungsbereiche an der Leine in Göttingen im Februar 1909 (Quelle: NLA Hann. 133 Acc. 2003/170 Nr. 765 Bl. 24)

Freilich erstellt man diese Kartenwerke heute auf Grundlage eines Geographischen Informationssystems (GIS) bzw. anhand von Daten eines Digitalen Geländemodels (DGM) und der zu erwartenden Pegelstände. Entsprechende aktuelle Karten des Niedersächsischen Landesbetriebs für Wasserwirtschaft, Küsten- und Naturschutz (NLWKN) sowie der Stadtverwaltung liegen auch für den Göttinger Raum vor.

Zum Leine-Hochwasser vom Februar 1909 soll aus den Beständen des Niedersächsischen Landesarchivs Hannover eine Überschwemmungsflächenkarte vorgestellt werden, die von der Eisenbahnbauabteilung noch im selben Jahr angefertigt wurde (vgl. Abb. 5).

Die Eisenbahn war in mehrfacher Hinsicht vom Hochwasserereignis 1909 betroffen. Zum einen hatten die Wassermassen die Gleisanlagen und den Bahnhof überschwemmt, so dass der Bahnverkehr zum Erliegen kam. Zum anderen sah sich die Eisenbahnverwaltung Vorwürfen ausgesetzt, wonach ihre Infrastruktur eine Ursache der Überschwemmungen gewesen sei (zu den positiven Auswirkungen der von der Eisenbahn veranlassten Bauvorhaben siehe Quellentext 3). So findet sich im Göttinger Tageblatt, 21. Jahrgang, Nr. 31, vom Sonntag, den 7. Februar 1909, der folgende Hinweis auf die rückstauende Wirkung der Rosdorfer Brücke (vgl. Abb. 7a) und der „[...] gleich wenige Meter hinter dieser Brücke [gelegenen] Eisenbahnbrücke, die bei Hochwasser fast bis zu den Geleisen unterspült wird. Der Wasserstrom wird dadurch wesentlich gehemmt. Tritt die Leine infolgedessen vor den beiden Brücken aus, so ergießen sich die Wasser direkt in die tiefer liegenden Stadtteile. [...] Wäre die projektierte und von der Stadt Göttingen dringend gewünschte Bahnfrage betreffs des Groner Ueberganges erledigt, wobei natürlich auch die Eisenbahnbrücke bedeutend höher gelegt werden müßte, dann wäre ein Haupthindernis für die Fluten beseitigt und vielleicht wäre dann das Wasser nicht

Abb. 6a:
Blick vom Göttinger Stadtwall auf die überschwemmte Bürgerstraße im Februar 1909 (Foto: Sammlung M. Deutsch, Erfurt/Göttingen)

soweit in die innere Stadt vorgedrungen." Insofern war die intensive Beschäftigung mit dem Hochwasser seitens der Eisenbahnbauabteilung durchaus nachvollziehbar. Ergänzend soll an dieser Stelle der Hinweis erfolgen, dass eine weitere, sehr eindrucksvolle Überschwemmungsflächenkarte zum Leine-Hochwasser 1909 im Sammlungsbestand des Städtischen Museums der Stadt Göttingen aufbewahrt wird.

Abb. 6b:
Blick vom Göttinger Stadtwall auf die Bürgerstraße im Juni 2015 (Foto: T. Reeh)

Abb. 7a:
Blick auf die Rosdorfer Brücke über die Leine im Februar 1909 (Foto: Sammlung M. Deutsch, Erfurt/Göttingen)

Abb. 7b: Blick auf die Rosdorfer Brücke über die Leine im Juni 2015 (Foto: T. Reeh)

Fotografische Darstellungen

Für die Rekonstruktion historischer Hochwasserereignisse stehen in der Regel ab etwa 1870/80 zunehmend Fotografien zur Verfügung. Im Gegensatz zu historischen Gemälden, Zeichnungen, Stichen etc. mit Hochwassermotiven wurde so bei der Hochwasserdokumentation ein neues Niveau erreicht. Nun war es möglich, beispielsweise die Dimensionen der Überschwemmungen mit der Kamera festzuhalten (Deutsch/Pörtge 2011), so geschehen auch beim Leine-Hochwasser 1909 in Göttingen. An dieser Stelle sollen zwei Aufnahmen exemplarisch vorgestellt werden (Abb. 6a und 7a). Zur Verdeutlichung des Ausmaßes des Hochwassers wurden die historischen Aufnahmepunkte im Gelände aufgesucht und aktuelle Fotografien angefertigt (Abb. 6b und 7b). Dass man sich der Öffentlichkeitswirksamkeit entsprechender Fotos bereits 1909 bewusst war und sich zudem damit schnell Geld verdienen ließ, zeigt sich u. a. darin, dass „Photographien der überschwemmten Straßen und Gebiete [...] in größerer Anzahl im Schaufenster der Firma Ernst Eckold, Weenderstraße, aufgestellt [wurden]" (Göttinger Tageblatt, 21. Jahrgang, Nr. 33, Dienstag, 9. Februar 1909). Einige der Aufnahmepunkte lassen sich sogar mit noch vorhandenen Hochwassermarken – also mit gegenständlichen Zeugnissen – in Verbindung setzen. So findet sich beispielsweise am Haus Hasengraben Nr. 16 eine Hochwassermarke. Sie zeigt den Wasserstand vom 4. Februar 1909 an. Eine weitere Markierung, die sich ebenfalls auf den 4. Februar 1909 bezieht, hatte man in der Leinestraße (Hausnr. 2) angebracht (vgl. auch Röder 2008). Es ist bezeichnend, dass es sich dabei um Straßenzüge handelt, die auch im Quellentext 3 genannt werden.

Fazit

Insgesamt verdeutlichen die im vorliegenden Aufsatz in der gebotenen Kürze vorgestellten Quellen, wie durch die Zusammenstellung bzw. Kombination von Informationen aus unterschiedlichsten Dokumenten ein hinlänglich genaues Gesamtbild von einem schweren Hochwasser der Vergangenheit erstellt werden kann. Trotz aller Restriktionen ist die interdisziplinär ausgerichtete historische Hochwasserforschung in der Lage, einen substanziellen Beitrag sowohl im Hinblick auf die Identifizierung hochwassergefährdeter Gebiete als auch bezüglich der Bewertung ausgeführter Hochwasserschutzmaßnahmen zu leisten. Insofern erscheint es sinnvoll, die im Rahmen historischer Hochwasserstudien erarbeiteten Ergebnisse z. B. bei der Hochwasserrisikoanalyse zu berücksichtigen, um etwa „Schwachstellen der vorhandenen Schutzmaßnahmen auf[zu]zeigen und Änderungen im Risikomanagement [zu] begründen" (Pech et al. 2007, S. 150). Nicht zuletzt sind genaue Kenntnisse über herausragende, real abgelaufene historische Hochwasser bei der Erstellung und Überprüfung von Hochwassermodellen wichtig.

Darüber hinaus offenbaren die Resultate historischer Hochwasserforschungen, dass in den letzten Jahrhunderten immer wieder Ereignisse auftraten, „bei denen das Wasser wesentlich höher ausgeufert ist und weitaus größere Flächen überschwemmt hat als es bei denjenigen Ereignissen der Fall war, die von den derzeit in Niedersachsen lebenden Menschen miterlebt wurden" (NLWKN 2005, S. 32; vgl. auch Schmidt 2000). Allerdings stellen Untersuchungen bzw. Methodenstudien zur Vergleichbarkeit historischer und aktueller Ereignisse in Niedersachsen noch ein Forschungsdesiderat dar. Hierfür wären umfangreiche, fächerübergreifende Analysen – wie etwa zu den wasserbaulichen Maßnahmen in/an den Fließgewässern und deren Auswirkungen auf das Abflussgeschehen – notwendig. So konnte einerseits noch im 19. Jahrhundert in den weitgehend naturnahen Fließgewässern mit Sicherheit weniger Wasser pro Zeiteinheit abfließen als in den heutigen, oftmals im Doppeltrapezprofil ausgebauten Gerinnen. Andererseits dürften die weiten Ausuferungen vor dem Beginn umfangreicher Wasserbauprojekte „eine Dämpfung der Hochwasserspitzenabflüsse" bewirkt haben (NLWKN 2005, S. 32). Anzunehmen ist ferner, dass die historischen Hochwasser für die betroffene Bevölkerung vergleichsweise dramatischer als heute ausfielen, „weil Hochwasserschutzanlagen auch in besiedelten Gebieten entweder nicht vorhanden waren oder im Vergleich zu heutigen Bauwerken einigermaßen wirkungslos blieben" (NLWKN 2005, S. 32). Daher ist es verständlich, dass die Bemühungen zur Vermeidung von Überschwemmungen und damit verbundenen Schäden und Verlusten vor allem seit Ende des 18./ Anfang des 19. Jahrhunderts sowohl auf kommunaler als auch staatlicher (landesherrlicher) Ebene intensiv vorangetrieben wurden. Viele der in den letzten 100 bis 150 Jahren formulierten Lösungsvorschläge sind in der Grundaussage prinzipiell mit aktuellen Ansätzen vergleichbar (vgl. u. a. LAWA 2004). Das führt zur Frage nach der Bildung eines nachhaltig wirksamen Hochwasserbewusstseins. Obschon in den zurückliegenden Jahrzehnten mehrfach gefordert, werden in Niedersachsen noch immer hochwassergefährdete Bereiche unangepasst genutzt – darunter auch an der Leine. Interessanterweise war man sich in Göttingen bereits im Nachgang zum Leine-Hochwasser 1909 offensichtlich der Gefahren und Folgen bewusst, die aus dem Vergessen und/oder Verdrängen des „Problems Hochwasser" resultieren. Es wurde nämlich „[v]on verschiedenen Seiten [...] angeregt, an denjenigen Stellen der Innenstadt, bis zu welchen das Wasser vorgedrungen war, Tafeln anbringen zu lassen, um bei den kommenden Geschlechtern die Erinnerung an die Hochwasserkatastrophe wach zu halten" (Göttinger Tageblatt, 21. Jahrgang, Nr. 33, Dienstag, 9. Februar 1909). Insofern sollte die historische Hochwasserforschung mehr als bisher bestrebt sein, u. a. im Rahmen interdisziplinärer und mit Niedersächsischen Landesbehörden abgestimmter Projekte, einen Beitrag zur weiteren Herausbildung bzw. Stärkung des Hochwasserbewusstseins zu leisten.

Danksagung

Die Autoren danken den Mitarbeiterinnen und Mitarbeitern im Niedersächsischen Landesarchiv (Standort Hannover), in der Staats- und Universitätsbibliothek Göttingen, im Städtischen Museum Göttingen sowie im Stadtarchiv Göttingen herzlich für die gewährte Unterstützung. Ferner geht unser Dank an Herrn S. Goihl für Hinweise zu den Hochwassermarkenstandorten im Göttinger Stadtgebiet.

Literatur und Quellen

Ausschuss zur Untersuchung der Wasserverhältnisse in den der Überschwemmungsgefahr besonders ausgesetzten Flussgebieten: *Beantwortung der im allerhöchsten Erlasse vom 18. Februar 1892 gestellten Frage B: „Welche Maßregeln können angewendet werden, um für die Zukunft der Hochwassergefahr und den Überschwemmungsschäden soweit wie möglich vorzubeugen?" für das Weser- und Emsgebiet. Durch Beschluß des Ausschusses vom 27. Mai 1902 festgestellt*. Berlin 1902.

Bormann, Helge: *Runoff regime changes in German Rivers due to Climate Change*. In: Erdkunde 64, 2010, 257–279.

Bund/Länder-Arbeitsgemeinschaft Wasser (LAWA): *Instrumente und Handlungsempfehlungen zur Umsetzung der Leitlinien für einen zukunftsweisenden Hochwasserschutz*. Düsseldorf 2004.

Deutsch, Mathias/Grünewald, Uwe/Rost, Karl Tilman: *Historische Hochwassermarken – Ausgangssituation, Probleme und Möglichkeiten bei der heutigen Nutzung*. In: Disse, Markus/Guckenberger, Karin/Pakosch, Sabine Pakosch/Yörük, Alpaslan/Zimmermann, Astrid (Hrsg.): Risikomanagement extremer hydrologischer Ereignisse. Forum für Hydrologie und Wasserbewirtschaftung 15 (1), München 2006, 59–70.

Deutsch, Mathias/Pörtge, Karl-Heinz: *Hochwasserereignisse in Thüringen*. Schriftenreihe der Thüringer Landesanstalt für Umwelt und Geologie (TLUG) 63, Jena 2002.

Deutsch, Mathias/Pörtge, Karl-Heinz: *Aus historischen Hochwassern lernen*. In: Merz, Bruno/Bittner, Ruth/Grünewald, Uwe/Piroth, Klaus (Hrsg.): Management von Hochwasserrisiken. Stuttgart 2011, 15–20.

Glaser, Rüdiger: *Klimageschichte Mitteleuropas. 1200 Jahre Wetter, Klima, Katastrophen*. Darmstadt 2008.

Henke, Ulrich: *Hochwassermarken an der Oberweser: Eine historisch-umweltgeographische Interpretation*. In: Göttinger Jahrbuch 48, 2000, 141–170.

Herget, Jürgen: *Am Anfang war die Sintflut. Hochwasserkatastrophen in der Geschichte*. Darmstadt 2012.

Landesamt für Bergbau, Energie und Geologie (LBEG): *Geologische Übersichtskarte von Niedersachsen 1:500.000 – Auswertungskarte: Hochwassergefährdung (GHG500)*. http://nibis.lbeg.de/cardomap3/?TH=GHG500; 2015.

Mensching, Horst G.: *Die kulturgeographische Bedeutung der Auelehmbildung*. In: Herbert Lehmann (Hrsg.): Deutscher Geographentag Frankfurt 1951. Tagungsberichte und wissenschaftliche Abhandlungen. Verhandlungen des Deutschen Geographentages 28, Remagen 1952, 195–197.

Mudelsee, Manfred/Deutsch, Mathias/Börngen, Michael/Tetzlaff, Gerd: *Trends in flood risk of the River Werra (Germany) over the past 500 years*. In: Hydrological Sciences-Journal – Des Sciences Hydrologiques 51 (5), 2006, 818–833 (Special issue: Historical Hydrology).

Niedersächsischer Landesbetrieb für Wasserwirtschaft, Küsten- und Naturschutz (NLWKN): *Hochwasser in Niedersachsen – Karte mit Gewässern, die im Hochwasserfall besondere Schäden anrichten*. http://www.nlwkn.niedersachsen.de/hochwasser_kuestenschutz/hochwasserschutz/kartenmaterial_hochwasserrisiken/gefaehrdete_gewaesserabschnitte/43680.html. 2015.

Niedersächsischer Landesbetrieb für Wasserwirtschaft, Küsten- und Naturschutz (NLWKN): *Pegelonline – Angaben zum Pegel Göttingen*. https://www.pegelonline.nlwkn.niedersachsen.de/Pegel/Binnenpegel/Name/G%C3%B6ttingen. 2014.

Niedersächsischer Landesbetrieb für Wasserwirtschaft, Küsten- und Naturschutz (NLWKN) (Hrsg.): *Hochwasserschutz in Niedersachsen. Oberirdische Gewässer 23*. Norden 2005.

Niehoff, Norbert: *Ökologische Bewertung von Fließgewässerlandschaften*. Berlin 1996.

Pech, Ina/Herrmann, Ulrich/Apel, Heiko/Thieken, Annegret H./Lindenschmidt, Karl-Erich: *Unsicherheiten in der Hochwasserrisikoabschätzung*. In: GAIA 16 (2), 2007, 150–152.

Pörtge, Karl-Heinz/Deutsch, Mathias: *Hochwasser in Vergangenheit und Gegenwart*. In: Bayerische Akademie der Wissenschaften (Hrsg.): Rundgespräche der Kommission für Ökologie 18: „Entwicklung der Umwelt nach der letzten Eiszeit". München 2000, 139–151.

Pörtge, Karl-Heinz/Deutsch, Mathias: *„Wir sollten daraus lernen!" – Vorschläge und Maßnahmen zur Risikominderung angesichts schwerer Hochwasser (1891–1929)*. In: Disse, Markus/Guckenberger, Karin/Pakosch, Sabine/Yörük, Alpaslan/Zimmermann, Astrid (Hrsg.): Risikomanagement extremer hydrologischer Ereignisse. Forum für Hydrologie und Wasserbewirtschaftung 15 (1), München 2006, 243–253.

Pörtge, Karl-Heinz/Deutsch, Mathias: *Hochwasserereignisse und die sie beeinflussenden Faktoren – am Beispiel der Weser*. In: Kaiser, Knut/Merz, Bruno/Bens, Oliver/Hüttl, Reinhard F. (Hrsg.): Historische Perspektiven auf Wasserhaushalt und Wassernutzung in Mitteleuropa. Münster 2012, 119–131.

Röder, Andreas: *Geschichten und Geschichtliches – Das Leinehochwasser im Jahre 1909*. In: WG aktuell – Mitgliederzeitung der Wohnungsgenossenschaft eG Göttingen, 27, 2008, 13–14.

Sächsisches Staatsministerium für Umwelt und Landwirtschaft (Hrsg.): *Hochwasserschutz in Sachsen*. Materialien zur Wasserwirtschaft 3, Dresden 1999.

Schmidt, Martin: *Südharztalsperren und Leine-Hochwasser.* In: Neues Archiv für Niedersachsen 4, 1982, 424–438.

Schmidt, Martin: *Hochwasser und Hochwasserschutz in Deutschland vor 1850 – Eine Auswertung alter Quellen und Karten.* Harzwasserwerke GmbH, Hildesheim 2000.

Schwichtenberg, Alfred: *Hochwasser an der Leine: Zur Geschichte der Wasserstandsänderungen bis 1957, zu Klimaschwankungen und zur Frage einer Hochwasservorhersage aus dem Großwetter und dem Zustand der oberflächennahen Bodenschichten.* In: Mitteilungen aus dem Institut für Wasserwirtschaft und landwirtschaftlichen Wasserbau der Technischen Hochschule Hannover 3, Hannover 1961.

Soldan, Wilhelm: *Die großen Schadenhochwässer der letzten Jahre und ihre Ursachen.* In: Zentralblatt der Bauverwaltung 19, 1927, 217–219 [Teil 1]; 20, 1927, 233–237 [Teil 2].

Uhden, Otto: *Bibliographie der Wasserwirtschaft Niedersachsens und Bremens.* In: Schriften der Wirtschaftswissenschaftlichen Gesellschaft zum Studium Niedersachsens e. V., Neue Folge 63, Bremen 1957.

Weber, Ingmar/Helmer, Lukas/Günther, Holger: *Hochwasserschutz – Akute und präventive Maßnahmen am Beispiel Göttingen.* Unveröffentlichte Seminararbeit, Georg-August-Universität Göttingen. Göttingen 2014.

Urstromtäler, Durchbruchtäler, Binnendeltas

Hansjörg Küster

Viele Flüsse in Niedersachsen sind aus mehreren Abschnitten mit unterschiedlichem Charakter und unterschiedlicher Geschichte zusammengesetzt. Das gilt besonders für große und lange Fließgewässer im norddeutschen Tiefland. Sie sind aus Gewässern hervorgegangen, die unter völlig anderen Bedingungen als den heutigen entstanden sind. Norddeutsche Flüsse legten sich gewissermaßen in ein System von Wasserabflussbahnen hinein, das ehemals vorrangig dem Abfluss von Schmelzwasser eiszeitlicher Gletscher gedient hatte. Woldstedt (1956) teilte die Fließstrecken norddeutscher Flüsse in Urstromtalbereiche mit peripherem Wasserabfluss und Durchbruchstäler mit zentripetalem Wasserabfluss ein. Die Fließgeschwindigkeiten und entsprechend die morphologischen Ausformungen sowie die Ausbildung der jeweiligen Talvegetation unterscheiden sich in den einzelnen Flussabschnitten deutlich voneinander. In manchen Durchbruchstälern reicht streckenweise die Strömungsgeschwindigkeit aus, um Material umzulagern. Andernorts mäandrieren Flüsse in Durchbruchstälern, oder es finden sich Mäander in Urstromtalabschnitten, während weitere Flüsse dort als heutige Dammflüsse vorgeprägten Abflussbahnen folgen. Seitlich davon staut sich Wasser, weil es nicht bis zum Fluss in der Mitte des Tales vordringen kann.

Urstromtäler mit peripherem Wasserabfluss

Das Land nördlich der Mittelgebirge ging aus eiszeitlichen Ablagerungen hervor, die von Norden her vordringende Eismassen mit sich gebracht und deponiert hatten. Gletscherschutt wurde unter dem Eis als Grundmoräne, an der Stirnseite des Eises als Endmoräne abgelagert. Schmelzwasser sammelte sich unter dem Eis und floss zunächst unter dem Gletscher in einem Tunneltal ab. Das Schmelzwasser riss dabei Ablagerungen der Grundmoräne mit sich und vertiefte den Untergrund vor allem unter dem Stirnbereich des Gletschers. Aus dem Gletscher trat es durch ein Gletschertor aus. Material, das das Schmelzwasser aus dem vergletscherten Bereich ins Gletschervorfeld transportierte, wurde dort in Form von Sandern deponiert. Ein Sander besteht keineswegs stets allein aus Sand, sondern er kann auch gröberes Sediment in Form von Kies enthalten (Marcinek 1995). Nach der Ablagerung von Sandern floss weiterhin Schmelzwasser ab und schnitt sich in den Untergrund der Sanderflächen ein. Dabei bildeten sich mehrere Inseln aus abgelagertem Material, deren Lage sich durch neue Ablagerungen ständig veränderte. Während der kurzen Sommer des Eiszeitalters sammelte sich Wasser in den Sanderbereichen und deren Vorfeld. Dort stauten sich zuweilen gewaltige Wassermengen. Es konnte nur in einem relativ schmalen Korridor zwischen den Gletschern und ihren Moränen im Norden sowie dem Mittelgebirgsrand im Süden in westliche Richtung zum Meer abfließen. Bei späteren Eisvorstößen grenzten auch ältere Endmoränen im Süden den zur Verfügung stehenden Abflussraum ein.

Es ist wichtig, sich rezente Gletscher anzusehen, um zu verstehen, wie dort der Wasserabfluss funktioniert, etwa in den Alpen (Abb. 1), um sich klar zu machen, wie sich Wasser in Glazialphasen hierzulande verhielt.

Bei jedem Eisvorstoß bildeten sich zu den Endmoränen parallele Abflussbahnen. Sie nahmen das Wasser auf, das aus mehreren Gletschertoren ausgetreten und über die jeweils vorgelagerten Sander verlaufen war. Man bezeichnet diese Abflussbahnen, weil sie nicht von heutigen, sondern von früheren Fließgewässern gebildet wurden, als Urstromtäler (Abb. 2).

Abb. 1: Der Steingletscher im Gotthardgebiet (Schweiz) im Hochsommer: Erkennbar sind der Sander im Gletschervorfeld mit seinen zahlreichen Abflussbahnen und ein Stausee, der sich hinter einer früher von dem Gletscher geformten Endmoräne bildete (Foto: H. Küster)

Abb. 2:
Blick vom Kniepenberg (Drawehn) auf das Urstromtal der Elbe. An einem dunstigen Sommermorgen erkennt man die jenseitige Begrenzung des breiten Tales nicht (Foto: H. Küster)

Für ein Urstromtal ist ein sehr geringes Gefälle charakteristisch, aber während der Eiszeiten entwickelte sich dort dennoch eine starke Strömung, denn damals flossen immer wieder sehr große Wassermengen ab. Daher wies ein Urstromtal nicht den Charakter eines dort heute verlaufenden Flusstals auf, sondern war eher wie ein Rhithral ausgebildet: Langgestreckte Kies- und Sandbänke befanden sich zwischen zahlreichen Flussarmen und wurden – ebenso wie im Sander – unaufhörlich verlagert. Die gesamte Breite eines mehrere Kilometer breiten Urstromtales war von zahlreichen Gewässerarmen und langgestreckten, instabilen Inseln erfüllt. Insgesamt bestand dort ein Braided-River-System (vgl. Beitrag von Pott et al. in diesem Band). Im Sommer war es unmöglich, ein solches Tal zu queren. Das gelang aber im Winter, wenn nur eine sehr geringe Wassermenge im Urstromtal abfloss oder bei strengem Frost der Strom sogar völlig versiegte. Dann nahm der Wind feine Ablagerungen aus Sandern und Urstromtälern mit sich: Sand lagerte er nach kurzem Transport überwiegend am Rand der Täler wieder ab, wo sich mit der Zeit Dünen bildeten. Feinere Partikel, Schluff und Ton, wurden weiter getragen und an den Mittelgebirgen in Form von Löss deponiert.

Von Ost nach West verlaufende Urstromtäler gab es schon in frühen Eiszeiten; dies hat unter anderem Maarleveld (1954) durch die Funde von charakteristischen Mineralien nachgewiesen, die unmittelbar nördlich des Mittelgebirgsrandes aus dem Osten in den Westen entlang einer solchen Flussbahn verlagert wurden. Einem Teil dieses Urstromtalverlaufs folgt heute das Flüsschen Hase westlich des Artlandes. Teilstrecken weiterer heutiger Flüsse in Norddeutschland verlaufen, ebenfalls in ost-westlicher Richtung, im Breslau-Magdeburg-Bremer Urstromtal, das zur Zeit der Eisvorstöße von Lamstedter Phase und Warthestadium in der Saaleeiszeit entstand. Diesem Urstromtal folgen die Elbe zwischen Wittenberg und Magdeburg, die Ohre (allerdings in umgekehrter

Abb. 3:
Die Aller unterhalb von Rethem (Foto: H. Küster)

Richtung), die Aller (Abb. 3) unterhalb des Drömlings (der Drömling ist ein Niedermoor auf der Wasserscheide zwischen Ohre und Aller) und die Weser unterhalb von Verden. In der westlichen Fortsetzung des Thorn-Eberswalder Urstromtales liegt die Elbe unterhalb von Havelberg.

Durchbruchstäler mit zentripetalem Wasserabfluss

Andere Flussabschnitte im eiszeitlich geformten Norddeutschland bildeten sich heraus, wenn in länger dauernden Phasen milderen Klimas das Eis mächtiger Gletscherloben abschmolz. Dieses Eis wurde zuerst vom Nachschub aus dem Norden abgeschnitten und auf diese Weise zu Toteis. Vor der Endmoräne lagerte es in einem Becken, dessen Untergrund vom abfließenden Schmelzwasser besonders tief ausgeschürft worden war. Wenn dieses Toteis schmolz, konnte Wasser aus dem Urstromtal in das eisfrei werdende Gletscherbecken und den Bereich des ehemaligen Tunneltals nach Norden vordringen. Schließlich bildete sich ein Durchbruchstal, in dem Wasser entgegen der ursprünglichen Fließrichtung des Schmelzwassers abfloss. Der eigentliche Durchbruch war aber nicht durch diesen Fluss geschaffen worden. Vielmehr ging er aus der ehemaligen Abflussbahn hervor, in der Schmelzwasser vom Gletscher aus ins unvergletscherte Umland, also zentrifugal abgeflossen war. Im Durchbruchstal war ein entgegengesetzter, zentripetaler Abfluss entstanden, gewissermaßen in die Richtung des früheren Gletschers. Woldstedt (1956) hat diesen Vorgang mit einer sehr anschaulichen Reihe von geologischen Blockbildern beschrieben. Unter anderem ging der Durchbruch der Weser bei den Moränen des Rehburger Stadiums der Saaleeiszeit auf diese Weise vonstat-

Abb. 4: Lang gestreckte ehemalige Talsandinsel mit Dünen (bei Ströhen) (Foto: H. Küster)

ten: Vor der Eisrandlage, an der diese Moränenkette entstand, verlief ursprünglich das schon oben genannte Urstromtal, in dem Wasser von Ost nach West abfloss. In diesem Tal wandte sich auch die Weser nach Westen (Wortmann 1968); heute befinden sich in dieser Talsenke nur noch einige Moore sowie langgestreckte Talsandinseln mit Dünen, die ehemals vom Wasser umströmt waren (Abb. 4). Heute ist weiter unterhalb in diesem Tal außerdem ein Teilstück des Haselaufs zu finden. Dann erhielt der Gletscher, der das Gebiet der heutigen nördlichen Mittelweser bedeckte, keinen Eisnachschub mehr und taute Sommer für Sommer ab. Durch ein ehemaliges Gletschertor und die Moränen der Rehburger Phase südlich vom heutigen Nienburg floss nun Wasser aus dem Süden in den Norden.

Binnendeltas

Woldstedt (1956) hob hervor, dass die Weser anschließend ihren Weg nach Norden fand; Gletschervorstöße oder deren Ablagerungen behinderten ihren Lauf nicht mehr, denn die späteren saale- und weichseleiszeitlichen Eisvorstöße kamen nicht mehr bis zur Weser voran (Abb. 5).
Woldstedt schenkte dem Umstand aber keine Aufmerksamkeit, dass die Weser nördlich von Nienburg in das Urstromtal der Aller, das Breslau-Magdeburg-Bremer Urstromtal, vordrang, das in der Warthephase der Saaleeiszeit von einem sehr wasserreichen Urstrom durchflossen war. Dieser Urstrom, dem heute die Aller folgt, war zu Zeiten der Eisschmelze breiter und wasserreicher als die Weser, denn zur Warthephase der Saaleeiszeit flossen hier nicht nur die Schmelzwassermengen aus den Gletschern, sondern auch alles Wasser aus östlich gelegenen Mittelgebirgen ab, das heute in der Elbe zur Nordsee gelangt.

Abb. 5:
Verden liegt auf den äußersten Ausläufern saaleeiszeitlicher Moränen, an denen Aller und Weser entlang fließen (Foto: H. Küster)

Abb. 6:
Bei Hoya tritt die Weser in den strömungsarmen Binnendeltabereich ein. Deutlich erkennbar ist die geringe Strömung des Flusses (Foto: H. Küster)

Dieser Elblauf konnte damals noch nicht bestehen, weil dort Gletschereis lagerte.
Das Wasser der Weser wurde gestaut, wenn viel Wasser im Tal der heutigen Aller abfloss. Seitlich des Urstromlaufs wurden überdies Kies und Sand abgelagert, die den Abfluss der Weser zusätzlich behinderten. In der Weser bildete sich daher zwischen Hoya (Abb. 6), Verden und Bremen ein Binnendelta mit mehreren Flussarmen heraus.

Die Weser fließt heute in einem östlichen Flussarm des Deltas ab; weitere Flussarme im Westen des Deltas sind heute vermoort oder werden lediglich von lokalen Entwässerungsbahnen durchströmt (Abb. 7). Zwischen ihnen liegen einige Inseln mit Siedlungen, unter anderem Thedinghausen.
Auch in anderen Talabschnitten der Aller bildeten sich Binnendeltas, an den Mündungen von Leine, Fuhse und Erse

Abb. 7:
Ein westlicher Arm des Binnendeltas der Weser bei Bruchhausen-Vilsen (Foto: H. Küster)

sowie der Okermündung zwischen Braunschweig und Wienhausen (Abb. 8).
Die dortige Landschaft wird Flotwedel genannt, denn es bestand dort vor der Kultivierung des Landes ein häufig unter Wasser stehender Erlenbruchwald, wo Wasser gestaut wurde.
Weitere Binnendeltas bestehen im Verlauf der Elbe, gut ausgeprägt zwischen Torgau und Wittenberg sowie zwischen Magdeburg und Havelberg. In dieses Binnendelta ist auch der Unterlauf der Havel einbezogen (August/Schlüter 1958–1961, Küster/Pötsch 1998, Küster 2007), und die Mulde mündet in einem Binnendelta, das unterhalb von Dessau ausgeprägt ist, in die Elbe (Küster/Hoppe 2010).
In allen diesen Binnendeltas wurde ursprünglich vor allem der Wasserabfluss in dem kleineren Gewässer gestaut. Dies ist noch heute an der Mündung der Mulde in die Elbe sowie an den Mündungen von Oker, Wietze und Leine in die Aller der Fall. In ehemaligen Binnendeltas, in deren Bereich noch heute bestehende Flüsse in ehemalige Urströme mündeten, entwickelte sich ebenfalls eine Stauwirkung. Sie besteht am Binnendelta der Elbe zwischen Torgau und Wittenberg, wo heute die Elbe der wichtigere Strom ist und nur die erheblich kleinere Schwarze Elster noch im Urstromtal verläuft. Heute mündet dort die Schwarze Elster in die Elbe, aber eigentlich, von der Genese der Landschaft her gesehen, mündet dort die Elbe in einem ausgedehnten Deltabereich in das Urstromtal, in dem die Schwarze Elster verläuft. Zwischen Magdeburg und Havelberg mündet die Elbe in ein weiteres Urstromtal, in dem sich heute nur unbedeutende Fließgewässer befinden: Rhin und Dosse.
Im Bereich des Deltas der Weser zwischen Hoya und Bremen mündet heute die Aller in die Weser, aber der Landschaftsgenese nach handelt es sich in dieser Gegend um die Mündung der Weser in das Urstromtal, das heute noch von der Aller durchflossen ist, also eigentlich um eine Mündung der Weser in die Aller.

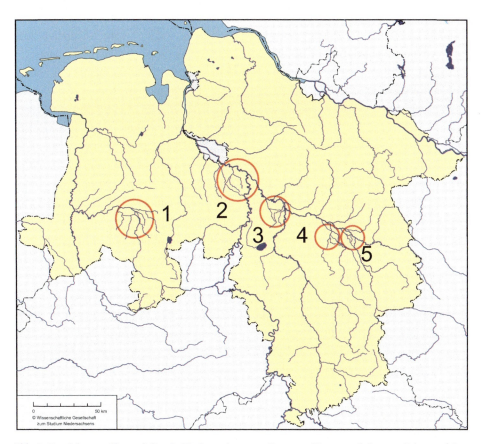

Abb. 8: Bereiche von Binnendeltas in Niedersachsen: 1 – Hase, 2 – Weser, 3 – Leine, 4 – Fuhse und Erse, 5 – Oker. Nicht dargestellt wurden Stromspaltungsgebiete an Kontaktstellen von Flussströmung und Tidenströmung (Karte: A. Hoppe)

Ein weiteres Binnendelta gibt es im Artland: Dort mündet die aus dem Mittelgebirge kommende Hase in den Bereich des ehemaligen Urstroms aus der Saaleeiszeit, der heute ebenfalls von der Hase durchflossen wird. Daher spaltet sich heute die Hase im Artland in mehrere Fließgewässerarme auf, die letztlich alle von einer süd-nördlichen Fließrichtung in eine ost-westliche abknicken und sich dann im Urstromtal wieder vereinigen, um zur Ems bei Meppen zu fließen.

Fließgeschwindigkeiten und Hochwasserereignisse

In den unterschiedlichen Bereichen divergieren die Fließgeschwindigkeiten der Flüsse. Am besten ablaufen kann Wasser in Durchbruchstälern, wenn diese ein stärkeres Gefälle aufweisen. Geringer ist das Gefälle dagegen in Urstromtälern, und ein besonders geringes Gefälle mit einer geringen Abflussgeschwindigkeit besteht in den Deltabereichen. Dies ist die generelle Tendenz im Sinne eines Modells; im Einzelfall kann es freilich Abweichungen davon geben.

Dem Charakter der verschiedenen Fließstrecken entsprechend wirken sich Überflutungen in unterschiedlicher Weise aus. In Bereichen des Rhithrals, die vor allem in Durchbruchstälern ausgebildet sind, kann es zu heftigem Hochwasser kommen, das aber nach einem Peak relativ rasch wieder zurückgeht. Dies ist zum Beispiel an der Elbe oberhalb von Magdeburg der Fall. Je langsamer der Fluss strömt, desto geringer sind zwar die Wasserstandshöhen, wenn umfangreiche Wassermengen abfließen, aber Hochwasserereignisse sind dort nicht ungefährlicher: Denn in diesen Bereichen breitet sich das Wasser auf einer besonders großen Fläche aus, es drückt besonders lang auf die Deiche, und es dauert besonders lange, bis es wieder abläuft. Zu solchen Situationen kam es bei den Hochwasserereignissen der Elbe in den Jahren 2002 und 2013. 2013 hielt ein Deich im Binnendeltabereich der Elbe zwischen Magdeburg und Havelberg den Fluten nicht stand und brach; zahlreiche Polderbereiche im Gebiet des Deltas füllten sich mit Wasser, und es vergingen mehrere Monate, bis das Wasser wieder abgelaufen war. Für Fahrgäste der Deutschen Bahn hatte dies besonders unangenehme Auswirkungen, denn der durch das Binnendelta verlaufende Abschnitt der Schnellbahnstrecke von Hannover nach Berlin stand lange Zeit unter Wasser und musste anschließend instandgesetzt werden, so dass Züge von Anfang Juni bis Anfang November 2013 weiträumig umgeleitet werden mussten. Aber nicht nur dieses Binnendelta ist ein von Überflutung besonders gefährdeter Bereich. Für ausgedehnte und lange dauernde Überflutungen sind auch weitere dieser Gebiete bekannt: das Binnendelta der Elbe zwischen Torgau und Wittenberg, die untere Mulde bei Dessau, das Gebiet der Okermündung im Flotwedel zwischen Braunschweig und Celle, die Leine unterhalb von Hannover und das Binnendelta der Weser zwischen Hoya und Bremen (siehe Karte in Kenntemich 2002, 65).

Die geringe Fließgeschwindigkeit in den Deltabereichen führt auch zu einer häufigen Bildung von winterlichen Eisdecken, die vor allem dann, wenn sie brechen, zu erheblichen Schäden führen können: Dann reißen sie Äste oder ganze Bäume mit sich, und scharfkantige Eisschollen können auch Deiche brechen lassen. Schieben sich mehrere Eisschollen übereinander, kann es zum gefürchteten Eisversatz kommen: Dann wird das oberhalb vorhandene Wasser gestaut, so dass es auf die Deiche drückt und sie zum Brechen bringen kann. Lange dauerndes Hochwasser sowie Eisdecken und Treibeis zerstören immer wieder Bäume in den Binnendelta- und Urstromtalbereichen. Zeitweise waldoffene Stellen bleiben zurück, in denen sich krautige Pflanzen ausbreiten und auch auf Dauer halten konnten. Sie sind vor allem an den Wechsel von Überflutungsphasen und sehr trockenen Bedingungen angepasst, die sich einstellen, wenn sich das Hochwasser vom sandigen Untergrund zurückzieht. Diese Pflanzen werden als Stromtalpflanzen bezeichnet. Zu ihnen gehören Wiesenalant, Sumpfwolfsmilch (Abb. 10), Sumpfschafgarbe, Blauweiderich und Kantenlauch.

Diese Pflanzen sind in den genannten Bereichen weit verbreitet, kommen aber in den Durchbruchstälern mit ihrer grö-

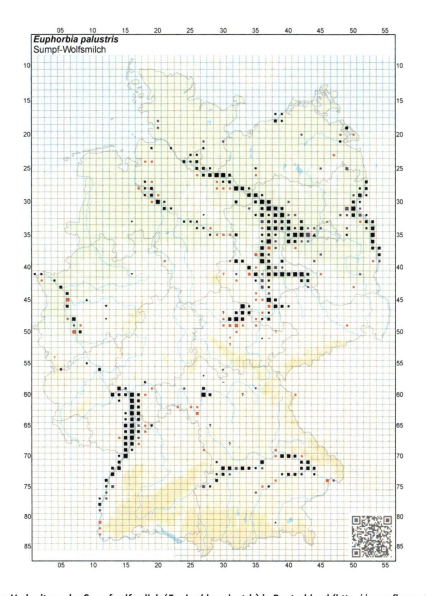

Abb. 9: Verbreitung der Sumpfwolfsmilch (*Euphorbia palustris*) in Deutschland (http://www.floraweb.de/pflanzenarten/artenhome.xsql?suchnr=22819). Mit freundlicher Genehmigung durch R. May, Bundesamt für Naturschutz, Bonn. Die Verbreitung der Pflanzenart in Süddeutschland geht auf andere Bedingungen zurück

Abb. 10:
Die Sumpfwolfsmilch (*Euphorbia palustris*), eine in Norddeutschland nur in den Urstromtälern von Elbe, Aller und Weser sowie im Binnendelta der Elbe zwischen Magdeburg und Havelberg verbreitete Pflanzenart (Foto: H. Küster)

ßeren Fließgeschwindigkeit und kürzer andauernder Überflutung bei Hochwasserereignissen nicht oder nur selten vor. In Mittelgebirgsbereichen mit ihrem anderen Abflussregime findet man sie überhaupt nicht (Abb. 9).

Konsequenzen für die Nutzung von Flusstalbereichen

Bei der Nutzung von norddeutschen Flusstalbereichen muss man sich auf die Bedingungen von Urstromtälern, Durchbruchstälern und Binnendeltas in unterschiedlicher Weise einstellen. In Durchbruchstälern ist die Strömung stärker als in Urstromtälern und vor allem in Binnendeltas. Deshalb bilden sich in Durchbruchstälern im Allgemeinen tiefere Abflussrinnen heraus, die von der Schifffahrt besser genutzt werden können. In Binnendeltas sind die Fließrinnen dagegen flach und müssen häufiger ausgebaggert werden, damit Schiffe größeren Tiefgangs die Abschnitte passieren können.

Hochwasser wirkt sich in den einzelnen Bereichen unterschiedlich aus. In Durchbruchstälern müssen Deiche vor allem kurze Hochwasserspitzen ertragen können. In den Deltabereichen sollten sie dagegen eher so konstruiert werden, dass sie auch eine lange dauernde Überflutung von mehreren Tagen oder gar Wochen ertragen können. Sie müssen also eine besonders breite Basis haben. Die Binnendeltabereiche wurden erst sehr spät eingedeicht. Man konnte sie aber dennoch besiedeln und nutzen: Die Siedlungen entstanden auf Talsandinseln, die in Brandenburg auch „Ländchen" genannt werden; sie werden auch bei starkem Hochwasser nicht überflutet. Etliche Talsandinseln wurden zu Flusswurten erhöht, die stets aus der Umgebung hervorragen, auch wenn diese unter Wasser steht. Bei Verden und Bremen sind solche Flusswurten noch heute gut zu erkennen (Abb. 11).

Sie bieten oft sogar den besseren Schutz für Gebäude als Deiche: Deiche können brechen. Flusswurten stehen der Strömung kaum einmal entgegen und bleiben auch bei hohen und lange dauernden Fluten

Abb. 11:
Alte Scheune auf der Flusswurt Bollen bei Achim oberhalb von Bremen (Foto: H. Küster)

Abb. 12:
Am Rand der Scheune zeigen sich deutliche Gebäudeschäden. Das Fachwerkgebäude musste nach Hochwasser mehrmals ausgebessert werden (Foto: H. Küster)

erhalten. Allenfalls können Randbereiche der Wurten bei lange dauernder Überflutung unterspült werden; das ist an charakteristischen Gebäudeschäden, die dadurch ausgelöst werden, gut zu diagnostizieren (Abb. 12).

Viele Jahre lang lassen sich auch die Niederungsbereiche der Deltas sehr gut landwirtschaftlich nutzen, vor allem für die Tierhaltung. Zu Überflutungen kommt es nicht jedes Jahr, und jede Überflutung führt zum Eintrag von Mineralstoffen, mit denen das Grasland gedüngt wird. Mit einem gewissen Risiko verbunden ist die Anlage von Ackerland in einem unbedeichten Binnendeltabereich. Deiche wurden in den Deltabereichen möglicherweise auch vor allem deswegen errichtet, weil man auf fruchtbaren Ablagerungen mit geringerem Risiko und in größeren Mengen Getreide anbauen wollte – und nicht, weil man Mensch und Tier besser vor Überflutung schützen wollte. Dies ist von der Nordseeküste und auch aus dem Gebiet der nordseenahen Flussmarschen bekannt (Fischer 2011).

Bei jedem Deich muss man sich darüber im Klaren sein, dass er brechen kann, auch wenn man ihn noch so gut konstruiert; er schafft niemals eine hundertprozentige Sicherheit. Daher ist es sehr problematisch, wenn man aufwändige Industrie- und Verkehrsanlagen hinter Deichen errichtet, ohne sie gegenüber einem möglichen Deichbruch eigens zu schützen. Die Schnellbahnstrecke von Hannover nach Berlin hätte man im Bereich des Binnendeltas, zwischen der Elbbrücke bei Schönhausen und der Havelbrücke bei Rathenow, auf einem höheren Damm errichten müssen. Weil man beim Bau der Strecke in den 1990er-Jahren den Deltacharakter des Gebietes nicht erkannt hatte, baute man einen solchen Damm nicht; man müsste dies jetzt nachholen, um einem Desaster wie im Sommer 2013 künftig zu entgehen.

Gefährlich ist es aber auch, Industrieanlagen hinter Deiche der Binnendeltas zu bauen und zu betreiben. Dies geschieht aber seit Jahrzehnten in Niederungsbereichen bei Bremen. Wenn es hier nicht gelingt, sehr gut befestigte Deiche zu bauen, die auch wochenlangen Überflutungen standhalten können, ist die Katastrophe vorprogrammiert: Eine Überflutung der Arberger Marsch bei Bremen würde zu gewaltigen Schäden führen, weil dort seit einigen Jahren zahlreiche Industrieanlagen entstanden sind, die von Hochwasser komplett zerstört werden würden. Dem Charakter des Gebietes entsprechend hätte ein Hochwasser dort keine spektakuläre Höhe, aber es dauert sehr lange Zeit, bis es wieder ablaufen würde. Oberflächennah aufgestellte Maschinenanlagen und dort gelagerte Waren werden dann komplett zerstört.

Die Niederungen in den Binnendeltas sind in früheren Jahrhunderten nicht besiedelt worden. Das hatte seinen guten Grund; man wusste aus der Beobachtung der lokalen Gegebenheiten, wo man siedeln konnte und wo nicht. Man kann das Risiko der Überflutung durch den Bau geeigneter Deiche verringern, aber nie völlig überwinden. Daher muss man sich genau überlegen, welche Nutzungen man gerade in den Binnendeltabereichen ermöglicht und von welchen man abraten sollte.

Fazit

Die Elbe überwindet auf den letzten 100 Kilometern vor dem Erreichen der Tidegrenze bei Geesthacht nur ein Gefälle von etwa 15 Metern, die Weser auf einer entsprechend langen Strecke vor dem Bremer Weserwehr aber ein Gefälle von über 30 Metern. Das Gefälle der Weser ist bis zum Erreichen des Deltabereiches bei Hoya also viel höher als das der Elbe. Ein Weserhochwasser verläuft daher anders als ein Hochwasser der Elbe. Die Mittelweser unterhalb von Minden konnte man zum Schifffahrtsweg für große Binnenschiffe durch Kanalisierung ausbauen; die Gefahr der Eisbildung auf dem Fluss ist wegen der dennoch vorhandenen Strömung und der Lage des Flusses im maritimen Klima gering. Anders ist das an der Elbe: Eine Kanalisierung des Flusses würde die Strömung weiter herabsetzen und die Eisbildung begünstigen; dies ist auch dem kontinentaleren, winterkälteren Klima geschuldet. Die großen Gefahren von winterlicher Eisbildung und nachfolgendem Eisversatz mit dadurch ausgelösten Deichbrüchen sind ein wesentlicher Grund, der gegen eine Kanalisierung der Elbe im norddeutschen Tiefland spricht.

Bei allen Nutzungen, für die Schifffahrt, für die Landwirtschaft sowie für den Bau von Verkehrs- und Industrieanlagen kommt es stark darauf an, sowohl den Charakter der Flüsse insgesamt als auch von deren Fließgewässerabschnitten richtig zu beurteilen. Das ist bei Norddeutschlands Flüssen besonders kompliziert. Sie bestehen nicht „aus sich selbst heraus", sondern haben sich in eiszeitlich vorgeprägte Täler hineingelegt.

Literatur

August, Oskar/Schlüter, Otto (Hrsg.): *Atlas des Saale- und mittleren Elbegebietes. 3 Teile.* Leipzig 1958–1961.

Fischer, Norbert: *Der wilde und der gezähmte Fluss. Zur Geschichte der Deiche an der Oste.* Stade 2011.

Kenntemich, Wolfgang (Hrsg.): *Die Jahrhundertflut.* München 2002.

Küster, Hansjörg: *Die Elbe. Landschaft und Geschichte.* München 2007.

Küster, Hansjörg/Hoppe, Ansgar: *Gartenreich Dessau-Wörlitz. Landschaft und Geschichte.* München 2010.

Küster, Hansjörg/Pötsch, Joachim: Ökosystemwandel in *Flußlandschaften Norddeutschlands.* In: Berichte der Reinhold-Tüxen-Gesellschaft 10, 1998, 61–71.

Maarleveld, Gerardus Cornelis: *Über fluviatile Kiese in Nordwestdeutschland.* In: Eiszeitalter und Gegenwart 4/5, 1954, 10–17.

Marcinek, Joachim: *Die Oberflächenformen des Jungmoränenlandes.* In: Liedtke, Herbert/ Marcinek, Joachim (Hrsg.): *Physische Geographie Deutschlands.* 2. Auflage, Gotha 1995, 274–278.

Seedorf, Hans Heinrich/Meyer, Hans-Heinrich: *Landeskunde Niedersachsen. Natur- und Kulturgeschichte eines Bundeslandes. Band I: Historische Grundlagen und naturräumliche Ausstattung.* Neumünster 1992.

Woldstedt, Paul: *Die Geschichte des Flußnetzes in Norddeutschland und angrenzenden Gebieten.* In: Eiszeitalter und Gegenwart 7, 1956, 5–12, Tafel I.

Wortmann, Heinrich: *Die morphologische Gliederung der Quartärbasis des Wiehengebirgsvorlandes in Nordwestdeutschland.* In: Eiszeitalter und Gegenwart 19, 1968, 227–239.

Die Elbe im Biosphärenreservat „Niedersächsische Elbtalaue"

Johannes Prüter

Im niedersächsischen Teil der unteren Mittelelbeniederung sind die Elbe und ihre Auenlandschaft als Großschutzgebiet Biosphärenreservat „Niedersächsische Elbtalaue" ausgewiesen. Sie sind damit Bestandteil des länderübergreifenden UNESCO-Biosphärenreservats „Flusslandschaft Elbe". Der Beitrag gibt einen zusammenfassenden Überblick zum Naturraum sowie zur bestehenden biologischen Vielfalt und skizziert aktuelle Abstimmungsprozesse zur zukünftigen Behandlung der Elbe und ihrer Auen.

Einleitung

Die niedersächsische „Elbtalaue" im Naturraum „Untere Mittelelbeniederung" gilt heute als eine der naturnah erhaltenen Flusslandschaften Mitteleuropas. Eine über viele Jahrhunderte gewachsene Kulturlandschaft mit zahlreichen noch ursprünglichen Lebensraumstrukturen, eingebunden in die standörtliche Vielfalt eines erdgeschichtlich jungen glazialen Urstromtals, begründen die herausragende biologische Vielfalt dieses Landschaftsraums im Nordosten Niedersachsens (Kofalk et al. 2015, Prüter et al. 2013). Auch die jahrzehntelange Grenzsituation an der Elbe im 20. Jahrhundert hat dazu maßgeblich beigetragen.

Der strukturelle Reichtum der gewachsenen Kulturlandschaft mit ihren besonderen Werten für den Naturschutz gab im Jahre 2002 Anlass für die naturschutzrechtliche Sicherung des Großschutzgebiets „Biosphärenreservat Niedersächsische Elbtalaue" als Teil des länderübergreifenden UNESCO-Biosphärenreservats „Flusslandschaft Elbe". Mit dem Status „Biosphärenreservat" ist der Anspruch einer „Modellregion für nachhaltige Entwicklung" verbunden.

Der hohe naturschutzrechtliche Schutzstatus dieses im Übrigen auch größten binnenländischen Natura 2000-Gebiets in Niedersachsen sowie das in der EU-Wasserrahmenrichtlinie festgeschriebene Ziel eines „guten gewässerökologischen Zustands" sind somit bei allen regionalen Entwicklungskonzepten zu berücksichtigen, so dass diese den Anforderungen der Erhaltung und Wiederherstellung der biologischen Vielfalt in Fluss und Aue gerecht werden.

In diesem Kontext arbeitet die Biosphärenreservatsverwaltung in Hitzacker mit dem Ziel, ein Gebietsmanagement zu etablieren, das den Naturschutzzielen entspricht, gleichzeitig aber auch die vielfältigen Interessen und Anforderungen an die Flusslandschaft integriert und somit dem Ausgleich der Schutz- und Nutzungsansprüche unter dem Leitmotiv einer nachhaltigen Entwicklung dient.

Naturräumliche Einordnung der unteren Mittelelbe und ihrer Auenlandschaft

Vom tschechischen Riesengebirge bis zur Mündung in die Nordsee durchfließt die Elbe eine Gesamtstrecke von 1094 Kilometern. Niedersachsen hat ab der Stadt Schnackenburg bei Elb-Kilometer 472,5 Anteile an der unteren Mittelelbeniederung sowie an der von den Gezeiten beeinflussten Tideelbe. Der Gezeiteneinfluss, der ursprünglich bis in den Raum Bleckede (Elb-Kilometer 550) bemerkbar war, endet seit Inbetriebnahme des Stauwehres im Jahre 1960 bei Geesthacht. Dieses einzige Querbauwerk im ansonsten frei fließenden deutschen Elbverlauf trennt damit heute scharf die unterhalb gelegene Tideelbe von der oberhalb gelegenen, nicht mehr regelmäßig von Gezeiten beeinflussten „Binnenelbe".

Von Schnackenburg bis Hohnstorf (gegenüber Lauenburg) erstreckt sich über fast 100 Stromkilometer der Elbabschnitt, der zum Biosphärenreservat „Niedersächsische Elbtalaue" gehört. Die Breite der Elbe liegt hier bei Mittelwasserniveau etwa zwischen 250 und 300 Metern. Zwischen Hoch- und Niedrigwasserlagen schwanken die Pegelstände mit einer Amplitude, die im Extrem mehr als sieben Meter umfassen kann. Dem entsprechen große Schwankungsbreiten der Abflussmengen. Der bisherige Maximalabfluss am seit 1869 eingerichteten Pegel Neu Darchau betrug nach Angaben der Bundesanstalt für Gewässerkunde 4400 Kubikmeter pro Sekunde (gemessen am 25.3.1888), der Minimalabfluss 128 Kubikmeter pro Sekunde (am 1.9.1904). Während des Extremhochwassers im Juni 2013 betrug der höchste gemessene Abfluss nach Angabe der Bundesanstalt für Gewässerkunde 4269 Kubikmeter pro Sekunde.

Durch die zum Zwecke der Erleichterung der Elbschifffahrt Mitte des 19. Jahrhunderts begonnenen Strombaumaßnahmen, insbesondere den Bau von Buhnen an beiden Elbufern, wurde die Elbe in ihrem Mittelwasserbett festgelegt. Diese Uferstabilisierung verringerte am Flussufer das ursprünglich typische Wechselspiel von Erosion und Sedimentation zugunsten einer kontinuierlicheren Tendenz zur Auflandung sandiger Sedimente. Die Entwicklung eines flussbegleitenden Uferwalls (Rehne) wurde so gefördert. Seitengewässer der Elbe (Altarme, Buchten, Kuhlen) wurden durch diese Ablagerungen zunehmend vom Hauptstrom abgeschnitten. Der verringerte Abflussquerschnitt im Hauptstrom förderte dort die Tendenz zur Eintiefung (Vollmer et al. 2014), so dass der Niveauunterschied zwischen Flusssohle und Aue in der langfristigen Entwicklung zunimmt. Diese vielfach als „Entkopplung von Fluss und Aue" benannte Tendenz wirkt ungünstig auf viele typische Lebensgemeinschaften der Aue, da sie die laterale Vernetzung insbesondere der wassergebundenen Ökosysteme verringert.

Ursprünglich stand für den Hochwasserabfluss in diesem Raum das gesamte, hier bis zu ca. 15 Kilometer breite Urstromtal der Elbe zur Verfügung. Über die Nebenflüsse wirkten Elbhochwässer bis weit in das Hinterland hinein. Das heutige Überschwemmungsgebiet umfasst durch Deichbau und Absperrung der Nebengewässer nur mehr rund 10 bis 20 Prozent der ursprünglich einmal vorhandenen Fläche (BMU, BfN 2009). Der einzige Nebenfluss in Niedersachsen mit heute noch offener Mündung in die Elbe ist die Seege im Landkreis Lüchow-Dannenberg.

Die Böden an der unteren Mittelelbe haben sich überwiegend auf Auenablagerungen gebildet. Auelehm und sandige Bodenarten wechseln kleinräumig. Elbaufwärts bis in den Raum Bleckede finden sich stellenweise auch zeitweilig unter Tideeinfluss entstandene Marschensedimente. In erdgeschichtlich jüngerer Zeit wurden Feinsande insbesondere am Ostrand des Elburstromtals zu einem mächtigen Dünenzug aufgeweht. Hier herrschen heute extrem nährstoffarme Böden vor (Biosphärenreservatsverwaltung 2009).

Aspekte der Biologischen Vielfalt und Instrumente zu deren Schutz und Entwicklung

Die Niedersächsische Elbtalaue zeichnet sich durch eine besondere Vielfalt an Lebensräumen und folglich auch einen besonderen Reichtum an Tier- und Pflanzenarten aus. Eine Ursache dafür ist, großräumig gesehen, die Lage des Gebietes im Übergangsbereich zwischen dem eher von ozeanischem Klima geprägten Nordwesten Niedersachsens und den schon kontinentaler beeinflussten östlichen Landesteilen. Zahlreiche ansonsten schwerpunktmäßig südöstlich oder sogar mediterran verbreitete Tier- und Pflanzenarten finden in diesem Gebiet ihre Arealgrenze.

In ihrer Längserstreckung bildet die untere Mittelelbe auch einen wichtigen Korridor für wandernde Vogelarten im Rahmen des ostatlantischen Zugwegs. Die ohnehin reiche Brutvogelfauna dieses Raumes wird so durch zahlreiche Zug- und Gastvogelarten ergänzt (Degen et al. 2009, Wübbenhorst et al. 2014). Deren bedeutende Mengen haben mit dazu beigetragen, dass die „Elbaue zwischen Schnackenburg und Lauenburg" bereits 1976 als Feuchtgebiet internationaler Bedeutung im Rahmen der internationalen Ramsar-Konvention benannt worden ist. Kleinräumig maßgeblich für die biologische Vielfalt ist das oft enge Nebeneinander unterschiedlicher Standorte, von zum Teil trocken-warmen Geest- und Dünenhängen über die wechselfeuchten Auen bis zu den unterschiedlichen Gewässertypen des Elbtals. Hinzu kommt die enge Verzahnung naturbelassener und kulturbedingter Lebensräume, letztere oftmals als Relikte traditioneller Landnutzungsformen. Dazu zählen z. B. die an krautigen Blütenpflanzen reichen Stromtalwiesen oder die Flechten-Kiefernwälder auf extrem nährstoffarmen Sandstandorten, die durch frühere Streunutzung geprägt worden sind.

Neben dieser Vielfalt auf engem Raum ist es die hohe zeitlich Dynamik im Wechsel der Hoch- und Niedrigwasserphasen, die den daran besonders angepassten Spezialisten der Tier- und Pflanzenwelt in der Aue Lebensmöglichkeiten bieten (Abb 1a und b).

Abb. 1a: Elbaue bei Radegast am 24. Mai 2010 (Foto: Artlenburger Deichverband)

Abb. 1b: Elbaue bei Radegast bei Eishochwasser am 15. Februar 2012 (Foto: Artlenburger Deichverband)

Zu diesen Spezialisten zählen als „Stromtalarten" bezeichnete Gefäßpflanzen mit besonderen Anpassungen an Überflutungsregimes ebenso wie Tierarten, die z. B. die nach jedem Hochwasser immer wieder neu entstehenden Pionierlebensräume am Flussufer besiedeln (Scholz et al. 2005). Für das Elbtal typisch sind auch die nur zeitweise Wasser führenden Qualmwassertümpel, die zu Hochwasserzeiten auch binnendeichs durch aufdrängendes Grundwasser entstehen. Da diese Tümpel in der Regel fischfrei sind, stellen sie insbesondere für Amphibien sowie Kleinkrebse und andere wirbellose Tierarten wichtige Reproduktionsorte dar.

Aus all den genannten Gründen sticht die Niedersächsische Elbtalaue im Ergebnis landesweiter Erfassungsprogramme für Tier- und Pflanzenarten im Osten des Landes Niedersachsen vielfach als besonders artenreich hervor (Garve 2007, Krüger et al. 2014).

Um diese besonderen Werte zu erhalten, wurde im November 2002 das Biosphärenreservat „Niedersächsische Elbtalaue" per Landesgesetz begründet. Es schafft für rund 568 Quadratkilometer des Naturraums „Untere Mittelelbe" den rechtlichen Rahmen für eine, wie es im Gesetz heißt, „auf das Miteinander von Mensch und Natur ausgerichtete einheitliche Erhaltung und Entwicklung des Gebietes mit seinen landschaftlichen, kulturellen, sozialen und ökonomischen Werten und Funktionen". Der Schutzzweck zielt u. a. darauf ab, die für den Naturraum typische Kulturlandschaft zu erhalten, zu entwickeln und ggf. wiederherzustellen, ebenso die natürliche und historisch gewachsene Arten- und Biotopvielfalt. Das Biosphärenreservat ist in Gebietsteile von unterschiedlicher Schutzintensität gegliedert.

Der am strengsten geschützte und wie ein Naturschutzgebiet zu entwickelnde Gebietsteil C mit einem Flächenumfang von 20 120 Hektar schließt das Überschwemmungsgebiet der Elbe und den Fluss selbst mit ein, letzteren im Bereich des zu Niedersachsen gehörenden rechtselbisch gelegenen Amtes Neuhaus von Stromkilometer 511 bis 555 vollflächig, im Übrigen bis zur Strommitte. Hier werden als besondere Schutzzwecke u. a. die Erhaltung und Entwicklung naturnaher Standortverhältnisse einschließlich der Hochwasserdynamik der Elbe erwähnt.

Das fast vollständig zum Gebietsteil C gehörende und damit wie ein Naturschutzgebiet geschützte gesetzliche Überschwemmungsgebiet der Elbe, die rezente Aue, hat im Biosphärenreservat einen Flächenumfang von 7914 Hektar (die Elbe selbst mit eingeschlossen).

Die grundlegenden Ziele des Arten- und Biotopschutzes werden innerhalb der gemäß FFH- und EU-Vogelschutzrichtlinie gemeldeten Natura 2000-Gebietskulisse, die den weit überwiegenden Teil des Biosphärenreservats umfasst, auf die sogenannten wertgebenden Arten- und Lebensraumtypen fokussiert. Als solche gelistet sind im Biosphärenreservatsgesetz insgesamt 70 verschiedene Vogelarten, 12 sonstige Tierarten und 23 Lebensraumtypen, für die die Niedersächsische Elbtalaue eine besondere Bedeutung hat (Beispiele siehe Tab. 1). Für sie ist die Entwicklung eines günstigen Erhaltungszustands rechtsverbindlich vorgegeben.

FFH-Lebensraumtypen
Natürliche eutrophe Seen (LRT 3150)
Flüsse mit Schlammbänken (LRT 3270)
Feuchte Hochstaudenfluren (LRT 6430)
Brenndolden-Auenwiesen (LRT 6440)
Magere Flachland-Mähwiesen (LRT 6510)
Weichholz-Auenwälder (LRT 91E0)
Hartholz-Auenwälder (91F0)

Wertbestimmende Tierarten gemäß Anhang II der FFH-Richtlinie
Biber (*Castor fiber*)
Fischotter (*Lutra lutra*)
Kammmolch (*Triturus cristatus*)
Rotbauchunke (*Bombina bombina*)
Eremit (*Osmoderma eremita*)
Heldbock (*Cerambyx cerdo*)
Bachneunauge (*Lampetra planeri*)
Rapfen (*Aspius aspius*)
Schlammpeitzger (*Misgurnus fossilis*)
Steinbeißer (*Cobitis taenia*)

Tab. 1:
Ausgewählte natürliche Lebensräume von gemeinschaftlichem Interesse und wertbestimmende Tierarten im FFH-Gebiet „Elbeniederung zwischen Schnackenburg und Geesthacht" gemäß Biosphärenreservatsgesetz von 2002 (Auswahl jeweils aufgrund besonderen Bezugs zu Aue und Gewässern) (eigene Darstellung)

Aufstellung und Umsetzung entsprechender Erhaltungs- und Entwicklungspläne gehören somit zu den Aufgaben der Biosphärenreservatsverwaltung.

Für einige der genannten Lebensraumtypen und Arten finden sich in der Niedersächsischen Elbtalaue die aus landesweiter Sicht bedeutendsten Vorkommen. Das gilt z. B. für die an Flussauen gebundenen Hart- und Weichholz-Auwälder, letztere in der Ausprägung als uferbegleitender Silberweiden-Auwald (Abb. 2). Das gilt auch für die auf wechselfeuchte Bodenverhältnisse angewiesenen Brenndoldenwiesen (Abb. 3), die sogar aus bundesweiter Sicht im Elbtal ihre Hauptvorkommen haben.

Abb. 2:
Silberweiden-Auwald am Elbufer
(Foto: J. Prüter)

Abb. 3:
Blühende Stromtalwiese in der Elbaue
(Foto: O. Schwarzer)

Unter den Tierarten ist der Elbe-Biber (Abb. 4) als Charakterart hervorzuheben, der seit den 1980er-Jahren das Gebiet ausgehend von der autochthonen Restpopulation an der Mittelelbe wiederbesiedelt hat. Der aktuelle Bestand in der Niedersächsischen Elbtalaue liegt in der Größenordnung von rund 50 Revieren. Nach bisher vorliegenden Beobachtungen variiert die Populationsgröße des Bibers an der Elbe insbesondere im Wechsel der z. T. extrem schwankenden Wasserstände beträchtlich.

Für die Rotbauchunke (Abb. 5) gilt, dass sie heute an der unteren Mittelelbe sogar ihr einziges niedersächsisches Vorkommen hat. Sie nutzt, zeitlich flexibler als viele andere Amphibienarten, die nur zeitweise Wasser führenden flachen und besonnten Qualmwassertümpel in extensiv genutztem Grünland bevorzugt für die Reproduktion.

Abb. 4:
Elbe-Biber am Fraßplatz (Foto: D. Damschen)

Abb. 5:
Rotbauchunke im Laichgewässer (Foto: D. Damschen)

Für die beiden wertbestimmenden Großkäferarten, den Eremit und den großen Heldbock, ist der stellenweise landschaftsprägende Bestand an alten Stieleichen in der Elbaue entscheidend (Abb. 6). Noch sind die z. T. mehrere hundert Jahre alten Baumveteranen vielerorts vorhanden. Da sich Nachwuchs in der rezenten Aue aktuell offensichtlich aber nur sehr sporadisch etabliert, muss, wo möglich, über Nachpflanzungen versucht werden, langfristig Habitatkontinuität zu sichern.

In der Brutvogelfauna ist die Niedersächsische Elbtalaue aus landesweiter Sicht z. B. für ihre Bestände vom Weißstorch, vom Seeadler, von Rot- und Schwarzmilan, von Drosselrohrsänger, Sperbergrasmücke und Braunkehlchen von herausragender Bedeutung. Für die nordischen Gastvögel Sing- und Zwergschwan sowie Bläss- und

Abb. 6:
Alteichen im überfluteten Elbvorland bei Gartow, Juni 2013 (Foto: J. Prüter)

Abb. 7:
Gegen Anfang Oktober erreichen die nordischen Bläss- und Saatgänse in Scharen die Elbtalaue (Foto: J. Prüter)

Saatgans gehört die Elbtalaue zu den wichtigsten Rast- und Überwinterungsgebieten im Lande (Abb. 7).

Die „Inventarisierung" der wertbestimmenden Arten und Lebensraumtypen ist für weite Teile des Biosphärenreservats inzwischen abgeschlossen. Sie zeigt in zahlreichen Fällen allerdings, dass für den jeweils anzustrebenden günstigen Erhaltungszustand zum Teil noch erhebliche Entwicklungsmaßnahmen notwendig sind (Biosphärenreservatsplan 2009).

Um bestehende Defizite zu beseitigen, sind insbesondere für die kulturbedingten

Lebensraumtypen angepasste Nutzungsweisen erforderlich, die bei landeseigenen Flächen über die Verpachtung gesteuert, zum Teil auch mit Förderprogrammen honoriert werden können. Neben dem Nutzungsdruck sind es die eher diffusen Einflüsse, wie z. B. Einträge von Schadstoffen und von übermäßigen Nährstofffrachten oder auch Sedimentationsprozesse, die den Erhaltungszustand auentypischer Ökosysteme beeinträchtigen.

Auch der gemäß der EU-Wasserrahmenrichtlinie von der Flussgebietsgemeinschaft Elbe verfasste „Bewirtschaftungsplan Elbe" (FGG Elbe 2009) einschließlich der aktuell vorliegenden Fortschreibung für den Zeitraum von 2016 bis 2021 weist für die untere Mittelelbe noch in erheblichem Umfang qualitative Defizite auf. Der anzustrebende gute ökologische Zustand des Fließgewässers ist insbesondere hinsichtlich bestimmter Strukturparameter und der Gewässergüte einschließlich Wirbellosenfauna und Flora noch nicht erreicht. Der Zustand der Fischfauna hingegen wird bereits wieder als gut eingeschätzt.

Schutz- und Nutzungsansprüche sowie aktuelle Ansätze zur Förderung eines Interessensausgleichs

Aus der hier skizzierten Situation der unteren Mittelelbe und ihrer Auen als Lebensraum ergibt sich ein vielfältiger Entwicklungsbedarf, der im Ausgleich mit den ökonomischen Funktionen der Elbe und den Nutzungsansprüchen an die Auenflächen umzusetzen ist. Die Elbe wird als Bundeswasserstraße für den Schiffsverkehr unterhalten. Ihre Auen dienen weitflächig der landwirtschaftlichen Nutzung und haben den Hochwasserabfluss zu gewährleisten. Und die weitere Entwicklung einer angepassten touristischen Nutzung des Raumes ist als Instrument einer nachhaltigen Regionalentwicklung unbestritten.

Besonders umfängliche Abstimmungs- und Planungsprozesse zur Förderung eines Interessenausgleichs betreffen aktuell die beiden folgenden Fragen:

1. Welche Bedeutung kann und soll der unteren Mittelelbe als Bundeswasserstraße zukünftig zukommen, und wie sind dementsprechend Gewässerunterhaltung und ggf. bauliche Maßnahmen auszugestalten?
2. Wie können die Anforderungen des Hochwasserschutzes an die Gestaltung des Überschwemmungsgebiets mit den Zielsetzungen des Naturschutzes und den Belangen der Landwirtschaft bestmöglich in Einklang gebracht werden?

Die Elbe in ihrer Funktion als Bundeswasserstraße

Als Eigentümer der Bundeswasserstraße Elbe ist der Bund nach aktueller Rechtslage nicht nur für die Gewährleistung des Schiffsverkehrs verantwortlich, sondern auch für eine an den Bewirtschaftungszielen der Wasserrahmenrichtlinie orientierte wasserwirtschaftliche Unterhaltung. Für diese Aufgaben wurden mit den Bundesländern Grundsätze und Verfahrensweisen vereinbart, die eine regelmäßige Abstimmung mit den von den Ländern wahrzunehmenden Naturschutzaufgaben sicherstellen. An der unteren Mittelelbe wird die Biosphärenreservatsverwaltung an den Planungen zur Gewässerunterhaltung beteiligt, damit die Belange des Arten- und Biotopschutzes unmittelbar berücksichtigt werden können.

Kontrovers diskutiert wird aktuell die weitere Verwendung von künstlichen Wasserbausteinen, insbesondere Kupferschlacken aus der Metallverhüttung, für Ausbesserungsarbeiten an Buhnen und zur Ufersicherung durch die Wasser- und Schifffahrtsverwaltung des Bundes (Abb. 8). Wenngleich eine formale Zulassung zur Verwendung dieses Materials besteht, wird die nachweislich erfolgende Bioakkumulation von Schwermetallen unterschiedlich bewertet. Das Land Niedersachsen hat aufgrund des Vorsorgegedankens für den besonders sensiblen wasserabhängigen Lebensraum im Jahr 2015 erstmalig sein Einvernehmen zum Einbau von Schlackensteinen im Bereich des Biosphärenreservats nicht erteilt.

Die Grundsatzfrage nach der aktuellen und zukünftig möglichen Leistungsfähigkeit der Elbe als Bundeswasserstraße soll im Rahmen eines Gesamtkonzepts geklärt werden, das der Bund gemeinsam mit den beteiligten Bundesländern für den gesamten Flussraum der deutschen Binnenelbe erarbeitet. Über einen möglichst transparenten Beteiligungsprozess werden einvernehmliche Lösungen angestrebt. Nichtregierungsorganisationen sind am Prozess beteiligt.

Als erster Schritt wurde im März 2013 ein Eckpunktepapier vorgelegt, das Wege zu einer integrativen Lösung in Grundzügen benennt. Für die Belange von Wasserwirtschaft, Schiffsverkehr, Strombau und Naturschutz werden als Basis für das Gesamtkonzept jeweils der Status quo aufbereitet und anschließend in einem „Soll-Konzept"

Abb. 8:
Uferbefestigung mit Schlackesteinen, Elbe bei Privelack
(Foto: J. Prüter)

Abb. 9: Zu Tal fahrendes Binnenschiff auf Höhe Schnackenburg (Foto: T. Keienburg)

die sektoralen Zielsetzungen für die zukünftige Entwicklung der Elbe. Im Ergebnis der Zusammenführung sollen Antworten auf die zentralen Fragen bzw. Entscheidungen zu vorhandenen Konflikten stehen.

In Niedersachsen wird die Frage nach der Bedeutung der unteren Mittelelbe als Schifffahrtsweg in engem Zusammenhang mit dem Elbe-Seitenkanal erörtert. Zwischen Magdeburg und der Schleuse Geesthacht steht die Strecke Mittellandkanal/ Elbe-Seitenkanal als parallele Schifffahrtsverbindung alternativ zur Elbe zur Verfügung, mit einer ganzjährigen Wassertiefe von vier Metern. Die Elbe selbst bietet insbesondere durch die z. T. lang anhaltenden Niedrigwasserphasen, aber auch durch Hochwasserlagen und Eisgang keine stabil planbaren Verhältnisse für den Schiffsverkehr (Abb. 9). Vieles deutet darauf hin, dass sich diese Unsicherheiten im Zuge des laufenden Klimawandels zukünftig eher verstärken werden.

Auf der niedersächsischen Binnenelbe hat der Schiffsverkehr in jüngerer Zeit sowohl hinsichtlich der Frachtmenge als auch bezogen auf die Anzahl der Güterschiffe nicht die zunehmende Entwicklung erfahren wie vielfach prognostiziert. Oberhalb von Geesthacht wird der ganz überwiegende Teil des Güterverkehrs über den Elbe-Seitenkanal abgewickelt. Im Jahr 2013 waren es laut Verkehrsbericht der Wasser- und Schifffahrtsverwaltung des Bundes rund 95 Prozent der insgesamt 9,8 Millionen Tonnen. Auf dem Elbabschnitt zwischen Schnackenburg und Lauenburg wurden gar nur 2,5 Prozent der in Geesthacht geschleusten Tonnage transportiert. Vor diesem Hintergrund wird eine erhöhte Leistungsfähigkeit des Elbe-Seitenkanals, insbesondere des Schiffshebewerks in Scharnebeck, von vielen Seiten für erforderlich gehalten.

Eine der Prämissen im oben genannten Eckpunktepapier für das Gesamtkonzept Elbe besagt, dass ein Ausbau zur Verbesserung der Verkehrsverhältnisse auch künftig nicht stattfindet. „Flussbauliche Maßnahmen werden jedoch akzeptiert, wenn sie zugleich ökologischen, wasserwirtschaftlichen und verkehrlichen Zielen dienen und diese Ziele in sinnvoller Weise verbinden". Ob und gegebenenfalls wie eine entsprechend integrative Lösung z. B. für die zwischen Dömitz und Hitzacker gelegene sogenannte „Reststrecke" gefunden werden kann, auf der die Buhnen bisher nicht in der sonst üblichen Größenordnung ausgebaut worden sind, wird sich im Ergebnis des Gesamtkonzepts zeigen.

Hochwasserschutz und Auenentwicklung

Die enge Folge extremer Hochwasserereignisse an der Elbe zu Beginn dieses Jahrhunderts (August 2002, Februar 2003, April 2006, Januar 2011, Juni 2013) hat auch in der Niedersächsischen Elbtalaue sehr deutlich vor Augen geführt, welchen hohen Anforderungen das Überschwemmungsgebiet für die Gewährleistung eines schadlosen Hochwasserabflusses gerecht werden muss. Die jahreszeitliche Verteilung dieser Hochwasserlagen ist unstet und folglich unvorhersehbar. Die regelmäßige Schneeschmelze im Ursprungsgebiet der Elbe tritt als Ursache in jüngerer Zeit weniger in den Vordergrund als Extremwetterereignisse. Das Einzugsgebiet der Elbe insgesamt umfasst eine Fläche von 148 268 Quadratkilometern. Ein Großteil der hier anfallenden Wassermenge passiert die niedersächsische Elbtalaue. Das für den Hochwasserabfluss zur Verfügung stehende Abflussprofil, d. h. die Breite der rezenten Flussaue zwischen den Deichen bzw. zwischen Geesthang und Deich schwankt in diesem Raum zwischen ca. 450 Metern im Minimum und maximal mehr als 3,5 Kilometern. Neben den verschiedenen Engstellen im Abflussprofil, die einen gleichmäßigen Hochwasserabfluss beeinträchtigen, kann auch von der Auenvegetation in ihrer unterschiedlichen „Rauigkeit" eine die Strömungsgeschwindigkeit reduzierende und damit den Wasserstand erhöhende Wirkung ausgehen.

In diesem Zusammenhang sind die uferbegleitenden Weidengebüsche und Silberweiden-Auwälder als Bestandteile der Weichholzaue – auch wenn sie zusammengenommen nur etwa 6 Prozent des Deichvorlandes einnehmen – in den Fokus geraten, insbesondere im Bereich von Engstellen und dort, wo sie sich im Hochwasserfall quer zur Strömungsrichtung befinden. An verschiedenen Stellen im Biosphärenreservat sind dementsprechend seit 2006 Gehölze zurückgeschnitten worden.

Um ein rechtssicheres, effektives und langfristig tragfähiges Maßnahmenkonzept zu entwickeln, wird in Niedersachsen zurzeit gemeinsam mit Mecklenburg-Vorpommern und Schleswig-Holstein ein Rahmenplan zur Verbesserung des Hochwasserabflusses an der unteren Mittelelbe erstellt, der mit Unterstützung durch ein zweidimensionales hydrodynamisches Strömungsmodell (2D-Modell) die wirksamen Maßnahmen darlegen soll. Morphologische Veränderungen am Abflussprofil (z. B. Anlage von Flutrinnen, Anschluss von Altarmen, Abgrabungen, Umflutgerinne, Deichrückverlegungen) werden in ihrer Wirkung dabei ebenso überprüft wie der Rückschnitt von Gehölzen an strö-

Abb. 10:
Rückschnitt von Weidenauwald zum Zweck eines verbesserten Hochwasserabflusses bei Wussegel 2015
(Foto: J. Prüter)

mungstechnisch problematischen Stellen. Mit Hilfe des 2D-Modells sollen in einem iterativen Prozess die Maßnahmen ermittelt werden, die die Leistungsfähigkeit der Aue für den Hochwasserabfluss möglichst gut in Einklang mit den Zielsetzungen des Naturschutzes bringen.

Im Falle des Silberweiden-Auwalds ist zu berücksichtigen, dass er als „prioritärer Lebensraumtyp" gemäß FFH-Richtlinie besonders strengen naturschutzrechtlichen Regelungen unterliegt. Eingriffe dürfen nur aus bestimmten zwingenden Gründen des überwiegenden öffentlichen Interesses, u. a. im Zusammenhang mit der Gesundheit des Menschen und der öffentlichen Sicherheit, zugelassen werden, wenn keine zumutbaren Alternativen gegeben sind (Art. 6 FFH-Richtlinie, in nationales Recht umgesetzt durch § 34 Bundesnaturschutzgesetz). Die zur Sicherung des Zusammenhangs des Netzes „Natura 2000" notwendigen Maßnahmen sind vorzusehen (Ausgleichs- bzw. Kohärenzmaßnahmen), d. h. bei Gehölzbeseitigung sind die funktionellen Verluste an anderen geeigneten Stellen durch Neuanlage von Silberweiden-Auwald auszugleichen.

Ziel des Naturschutzes ist es, dass sich der Auwald dort, wo er für den Hochwasserabfluss weniger problematisch ist, möglichst ungestört entwickeln kann. Umgekehrt sollten Uferpartien, die aus strömungstechnischen Gründen freizustellen sind, auch dauerhaft freigehalten werden. Dies kann mit mechanischen Maßnahmen erfolgen oder durch Einbindung der betreffenden Uferpartien in die Beweidung (Abb. 11).

Ein Fortbestand der landwirtschaftlichen Grünlandnutzung im Elbvorland ist für die Freihaltung des Abflussprofils ebenso wie für die Erhaltung bestimmter wertvoller Lebensraumtypen des Offenlandes von großer Bedeutung.

Auch wenn die landwirtschaftliche Nutzung des Elbvorlands angesichts der vorhandenen Belastung der Auensedimente

Abb. 11: Rinderbeweidung als eine Möglichkeit der Freihaltung von Uferabschnitten für den Hochwasserabfluss (Foto: D. Damschen)

mit Schwermetallen und chlororganischen Verbindungen (Krüger/Urban 2014) für die hier wirtschaftenden Betriebe mit Risiken verbunden ist, kann sie grundsätzlich nach den bisher vorliegenden Erfahrungen bei Einhaltung bestehender Bewirtschaftungsvorgaben beibehalten werden. Ergänzend soll für besondere Anforderungen der Einsatz von Landschaftspflegeherden geprüft werden.

Es ist vorgesehen, für die integrativen Aufgaben des Auenmanagements an der Elbe unter Leitung der Biosphärenreservatsverwaltung Kooperationsstrukturen aufzubauen, an der die Landwirtschaft und die Flächeneigentümer ebenso beteiligt sind wie die Kommunen, die für die Deichsicherheit zuständigen Stellen, die Wasserwirtschaft und der Naturschutz. Für jedes Gemeindegebiet einzurichtende Arbeitskreise sollen gewährleisten, dass die für den Hochwasserschutz erforderlichen Maßnahmen dauerhaft sichergestellt werden und gleichzeitig die Erfordernisse zur Erhaltung und Entwicklung der Auenlebensräume und ihrer Tier- und Pflanzenarten praxisorientiert umgesetzt werden.

Literatur

Biosphärenreservatsverwaltung (Hrsg.): *Biosphärenreservatsplan „Niedersächsische Elbtalaue"*. Hitzacker 2009.

BMU (Bundesministerium für Umwelt, Energie und Reaktorsicherheit)/BfN (Bundesamt für Naturschutz) (Hrsg.): *Auenzustandsbericht, Flussauen in Deutschland*. Bonn 2009.

Degen, Axel/Königstedt, Brigitte/Wübbenhorst, Jann: *Gastvogelmanagement in der Niedersächsischen Elbtalaue*. In: Informationsdienst Naturschutz Niedersachsen 29 (1), 2009, 3–39.

FGG (Flussgebietsgemeinschaft Elbe): *Bewirtschaftungsplan nach Artikel 13 der Richtlinie 2000/60/EG für den deutschen Teil der Flussgebietseinheit Elbe*. Magdeburg 2009.

Garve, Eckhard: *Verbreitungsatlas der Farn- und Blütenpflanzen in Niedersachsen und Bremen*. In: Naturschutz und Landschaftspflege in Niedersachsen 43, Hannover 2007.

Kofalk, Sebastian/Scholten, Matthias/Faulhaber, Petra/Baufeld, Ralf/Kleinwächter, Meike/Kühlborn, Jost (Hrsg.): *Struktur und Dynamik der Elbe*. In: Konzepte für die nachhaltige Entwicklung einer Flusslandschaft 2, Berlin 2015.

Krüger, Frank/Urban, Brigitte: *Schadstoffregime in Auenböden der Elbe*. In: Prüter, Johannes/Keienburg, Tobias/Schreck, Christiane (Hrsg.): Klimafolgenanpassung im Biosphärenreservat Niedersächsische Elbtalaue – Modellregion für nachhaltige Entwicklung. Berichte aus den KLIMZUG-NORD Modellgebieten 5, Hamburg 2014.

Krüger, Thorsten/Ludwig, Jürgen/Pfützke, Stefan/Zang, Herwig: *Atlas der Brutvögel in Niedersachsen und Bremen 2005–2008*. In: Naturschutz und Landschaftspflege in Niedersachsen 48, Hannover 2014.

Prüter, Johannes/Garbe, Heike/Gemperlein, Jürgen/Hollerbach, Anke/Puhlmann, Guido: *UNESCO-Biosphärenreservat Flusslandschaft Elbe*. In: Konold, Werner/Böcker, Reinhard/Hampicke, Ulrich (Hrsg.): Handbuch Naturschutz und Landschaftspflege, Ergänzungslieferung 28, Weinheim 2013, 1–19.

Scholz, Mathias/Stab, Sabine/Dziock, Frank/Henle, Klaus (Hrsg.): *Lebensräume der Elbe und ihrer Auen. Konzepte für die nachhaltige Entwicklung einer Flusslandschaft* 4, Berlin 2005.

Vollmer, Stefan/Grätz, Doreen/Schriever, Sönke/Krötz, Klaudia/König, Frauke/Svenson, Christian/Promny, Markus/Busch, Norbert/Hatz, Marcus: *Sedimenttransport und Flussbettentwicklung der Elbe*. KLIWAS-Schriftenreihe 67, Koblenz 2014.

Wübbenhorst, Jann/Peerenboom, Claudia/Sandkühler, Knut: *Brutvögel in der Niedersächsischen Elbtalaue – Erfassungen im EU-Vogelschutzgebiet V 37 „Niedersächsische Mittelelbe" 2005–2011*. In: Informationsdienst Naturschutz in Niedersachsen 34, 2014, 93–156.

Flößerei auf der Weser und ihren Nebenflüssen.
Zur Geschichte des kulturellen Erbes einer Region

Nicola Borger-Keweloh und Hans-Walter Keweloh

Mit einem Floß, das im Juli 1964 aus dem Oberweserraum über den Mittellandkanal und die Ems bis nach Haren geschwommen war und dort bei der Fa. Kötter festmachte, ging eine mehrhundertjährige Epoche der kommerziellen Flößerei, mit der Holz aus dem waldreichen Gebiet an der Oberweser in die waldärmeren Gegenden an der Küste gebracht worden war, zu Ende. Damit wurde im Norden wesentlich länger gewerblich geflößt als z. B. auf den bayerischen Flüssen wie Inn und Isar, Lech und Regen oder auf der Donau sowie auf den Floßgewässern des Schwarzwaldes Kinzig, Murg, Enz und Nagold. Dort war die Flößerei schon um die Wende vom 19. zum 20. Jahrhundert aufgegeben worden. Nach dem 2. Weltkrieg waren es in der alten Bundesrepublik nur noch Rhein, Main und Weser, auf denen die Holzbringung in der traditionellen Weise der Flößerei bis in die 1960er-Jahre stattfand. Wesentlich länger wurde in Deutschland noch in der DDR auf der Oder sowie auf dem Oder-Havel-Kanal Schleppflößerei betrieben.

Die Weserflößerei und ihr Stellenwert

Seit dem Mittelalter war bis zu diesem Zeitpunkt auf der Weser und z. T. auch auf ihren Ursprungs- und Nebenflüssen geflößt worden. Die älteste bekannte historische Quelle ist die Verleihung des Stapelrechts für Floßholz an die Stadt Münden aus dem Jahr 1247 (Delfs 1952, S.13). Welche Bedeutung die Flößerei in der Vergangenheit und auch noch in der ersten Zeit nach dem Ende des 2. Weltkriegs hatte (vgl. Abb. 1), verdeutlicht der Bericht des langjährigen Geschäftsführers des Weserbundes und Syndikus für die Weserschifffahrt, Dr. Karl Löbe, an die Hauptverwaltung der Binnenschifffahrt des amerikanischen und britischen Besatzungsgebietes im Februar 1948.

In dem dreiseitigen Schreiben unter der Überschrift „Bericht über die Flösserei auf der Weser" entwirft der Jurist Löbe ein detailliertes Bild der Weserflößerei in der Zeit unmittelbar nach dem 2. Weltkrieg und führt zu deren Bedeutung aus: „Es gibt an der Oberweser kleine Ortschaften, in denen das Flößen Familientradition ist, und wo fast jede Familie direkt oder indirekt mit der Flößerei verbunden ist. Das harte Leben und die verhältnismäßig geringen Verdienstmöglichkeiten werden aus Liebe zum Beruf in Kauf genommen. Eine stärkere Einschaltung der Flößereibetriebe, insbesondere in die Exportholzprogramme, ist nicht nur aus Gründen der Kostenersparnis und zweckmäßigeren Raumausnutzung der Eisenbahn und Binnenschifffahrt zu empfehlen, sondern auch aus sozialen Gründen angebracht."

Seit dem Mittelalter war der Beruf des Flößers an manchen Orten sehr verbreitet und wichtig. Die Flößerei spielte für den Holzhandel eine stetig zunehmende Rolle. Stapelrechte, d.h. die Verpflichtung der Flößer, an bestimmten Orten die Floßfahrt zu unterbrechen und das Holz zuerst der örtlichen Bevölkerung zum Kauf anzubieten, bevor man die Floßfahrt fortsetzen konnte, hatten für die Grundversorgung städtischer Bürger und die Entwicklung der Städte einen großen Stellenwert. Ein solches Stapelrecht besaßen seit dem Mittelalter an der Werra Wanfried, an der Fulda Kassel und an der Weser Münden, Minden und Bremen. Die herausragende Bedeutung der Flößerei für diese Städte unterstreicht noch im 18. Jahrhundert etwa ein Gesuch der Stadt Minden an den Landesherrn, der gebeten wird, das verbriefte Stapelrecht im Sinne der Bürger zu schüt-

Abb. 1:
Der Gimter Flößer Louis Alrutz Mitte der 1950er-Jahre unterwegs mit einem Floß auf der Oberweser (Foto: Sammlung Keweloh)

zen. Dieses sicherte den Mindener Bürgern zu, dass ihnen traditionell drei Tage lang das per Floß von der Oberweser kommende Holz für die eigene Versorgung zum Kauf angeboten wird. Es heißt in diesem Gesuch: „Der Magistrat zu Minden stellet allerunterthänigst vor dass der Commercien Rath und Senator Harten unter seinem Nahmen das der Hessischen Privat Compagnie zu gehörige Nutzholtz Stapel frey vorbey passieren zu lassen sich unterfangen, und bittet bey dem desfalls der Stadt ertheilten Stapel-Privilegio gegen welches dieses Beginnen geradezu angehet, allergnädigst geschützt zu werden.

Eines der wichtigsten und stattlichsten Privilegien, welche die Stadt Minden auf zu weisen hat, ist dasjenige, so der Kayser Ferdinand der 2te am 12ten August 1627 in Absicht des Iuris emporii ac stapulae derselben allergnädigst verliehen."

Die Bevorrechtung von Bürgern beim Holzkauf verhinderte oft, dass eine Holzbestellung vollständig am Zielort ankam; der Antrag der Hessischen Privat Compagnie zur freien Passage ist daher ebenso nachvollziehbar wie das Gesuch Mindens mit dem Hinweis auf den Anspruch der eigenen Bürger.

Warum war Flößerei so wichtig?

Bis zur Industrialisierung im 19. Jahrhundert war Holz ein lebensnotwendiger Rohstoff. Ein großer Teil der Häuser wurde bis dahin aus Holz gebaut. Ebenso wurde Holz zum Kochen und zum Heizen benötigt. Man brauchte Holz allgemein zur Feuerung, d. h. es war notwendig beim Salzsieden, beim Brauen von Bier, beim Brennen von Schnaps. Schmiede und Glasbläser benötigten Holz zur Fertigung ihrer Produkte. Viele Geräte vom Teller bis zum Wagen waren aus Holz.

Dieser enorme Holzbedarf im Leben der Menschen veranlasste den Technikhistoriker Joachim Radkau in seinem Buch „Holz. Wie ein Naturstoff Geschichte schreibt" von einer „hölzerne[n] Basis von Leben, Wirtschaft und Kultur" zu sprechen. Er zitierte dazu den Sozialwissenschaftler Werner Sombart, der 1928 als Charakterisierung der Welt vor der Industrialisierung die Formulierung einer Gesellschaft mit „ausgesprochen hölzernen Gepräge" verwendete (Radkau 2007, S.21).

Angesichts des immensen Bedarfs wurde Holz im Umfeld größerer Ansiedlungen, vor allem im Umfeld der Städte, schon früh Mangelware. Es war notwendig, in den waldarm gewordenen Orten auf die Holzressourcen aus waldreichen Gebieten zurückzugreifen. Die geologische Struktur der Landschaft erwies sich als außerordentlich günstig, wie Hansjörg Küster in seiner „Geschichte des Waldes" deutlich macht. Die mitteleuropäischen Gebirge waren einerseits waldreich, andererseits nur gering besiedelt. Die in Süd-Nord-Richtung fließenden Flüsse waren als Transportweg des Holzes hervorragend geeignet, führten sie doch in den Küstenraum, der stärker besiedelt war und nur über wenig Wald verfügte (Küster 2013, S.144).

Ein Transport von schwerem Langholz war angesichts eines mangelhaften Landwegebaus und einer sehr begrenzten Ladekapazität von Fuhrwerken sowie der geringen Leistungsfähigkeit der Zugpferde auf dem Landweg nicht möglich. So war es ein glücklicher Umstand, dass mit dem Fluss und seinen Nebenflüssen ein Handelswegenetz bestand, das das Holz selbst aus abseitig gelegenen, ansonsten nur schwer erreichbaren Wäldern verfügbar machte (Abb. 2).

Für den Weserraum bedeutete dies, dass der Küstenraum seinen eklatanten Holzmangel durch das Holz aus dem Oberweserraum, aus dem Bramwald, dem Reinhardswald, aus dem Solling und z. T. auch aus dem Thüringer Wald, beheben konnte.

Ein gutes Beispiel für den Holztransport über sehr weite Strecken für das Ende des 14. Jahrhunderts ist die Bremer Hansekogge von 1380, die 1962 in Bremen gefunden wurde und heute im Deutschen Schifffahrtsmuseum in Bremerhaven steht. Ihr konstruktiv wichtiges Holz kommt nachweislich aus dem Bereich der Fulda. Als

Abb. 2: Das für die Flößerei genutzte Wasserstraßennetz im Bereich der Weser (Karte: A. Hoppe)

Transportmittel für die Eichenholzstämme kamen damals nur Flöße in Frage, denn die kleinen Flussschiffe waren nicht geeignet, um die langen und schweren Bäume als Ladung aufzunehmen. Nur Flöße, bei denen die Holzstämme zu einem Fahrzeug verbunden werden, erlaubten solche Transporte. Je nach Breite des Gewässers wurden Flöße mit einer unterschiedlichen Zahl von Stämmen eingebunden. Die Floßbreite variierte von zwei bis drei Stämmen – etwa an der Ise und anderen Flüsschen in der Lüneburger Heide – bis zu mehreren Stammbreiten. In Hann. Münden etwa wurden vier Werraflöße von jeweils knapp fünf Metern Breite und 20 Metern Länge zu einem großen Weserfloß verbunden (Abb. 3, 4).

Abb. 3:
Das Floß auf der Oberweser aus der ersten Hälfte des 20. Jahrhunderts ist nicht als typisches Weserfloß eingebunden, sondern aus zwei Werraflößen, die mit Querriegeln provisorisch verbunden wurden (Slg. Weserbund, Foto: Wagner/ Vlotho)

Abb. 4:
Am 29. April 1935 begegnete ein von der Oberweser kommendes Floß für die Bremerhavener Holzfirma Stindt bei der Einfahrt in Hafen vor der Kaiserschleuse dem Dampfer „Scharnhorst". Im Hintergrund ist das Segelschulschiff „Deutschland" zu sehen (Foto: K. Ostermann)

Da der Tiefgang von Flößen gering ist, können sie Flüsse auch bei starker Versommerung (niedriger Wasserstand durch Verdunstung) passieren. Außerdem waren Flöße selbst bei geringem Tiefgang eines Gewässers geeignet, Waren als Oblast zu befördern. Güter, die auf diese Weise transportiert wurden, waren auf Werra und Weser etwa Werkzeug aus Schmalkalden, Weserkeramik, Fürstenberger Porzellan oder Sandstein sowie verarbeitetes Holz vom Brett über Stabholz zur Herstellung von Fässern, die sogenannten Piepenstäbe, bis zur Bohnenstange. Flöße versorgten die anliegenden Orte außerdem mit landwirtschaftlichen Gütern.

Schiffbau und Floßholz

Bis weit in das 19. Jahrhundert hinein nahm die Holznachfrage stetig zu. Besonders der Schiffbau war auf die Holzlieferungen angewiesen. So legte beispielsweise die Rickmers-Werft in Bremerhaven, auf der bis 1868 große hölzerne Segelschiffe gebaut wurden, einen werfteigenen Floßhafen an. Auf diese Weise war Bauholz bis zur Fertigstellung eines Schiffes stets vorrätig. Bis zur Zurichtung für den Schiffbau blieb das Floßholz im Wasser.

In der 1827 gegründeten Stadt an der Unterweser, bald auch im Nachbarort Geestemünde, wurden außerdem weitere städtische und private Floßholzhäfen angelegt, um den Schiffbauholzbedarf zu decken (vgl. Abb. 4). Weiterhin wurde auch Holz benötigt für die Gründung der Häuser sowie für den Ausbau der Häfen und ihrer Kajenflächen (Delfs 1988, S. 136–154).

Die Ausweitung des Absatzgebietes

Als 1964 das letzte kommerzielle Weserfloß nach Haren an die Ems ging, war dies durch den Bau künstlicher Wasserstraßen möglich geworden. Hatte es schon im 16. Jahrhundert Vorschläge gegeben, die Flusssysteme von Rhein, Weser, Oker und Leine mit Kanälen zu verbinden, nahmen diese Pläne zu Beginn des 19. Jahrhunderts konkrete Form an (Müller 1968, S. 133). Die Fertigstellung des Mittellandkanals im Jahr 1915 mit seiner Verbindung zum 1892–1899 gebauten Dortmund-Ems-Kanal sowie zum Rhein-Herne-Kanal führte nicht nur zur Ausweitung des Schiffsverkehrs, sondern eröffnete auch dem Floßholzhandel ganz neue Absatzmärkte (Borger-Keweloh/Keweloh 1991, S. 74 ff.).

In einem Aufsatz zur Wirtschaftlichkeit der Flößerei diskutierte etwa 1897 der Forstmeister Jentsch den „... Einfluß der Kanalisierung der Oberweser und die Herstellung des Mittellandkanals auf die Forstwirtschaft der Wesergebiete" (Jentsch 1897, S. 64). Er erkennt zwar einen enormen Vorteil auch für die Konkurrenten aus Skandinavien und Übersee, deren Holz über die Häfen an der Unterweser landeinwärts transportiert werden könne; er sieht aber vor allem durch die günstigen Transportwege grundsätzlich eine Steigerung der Konkurrenzfähigkeit einheimischer Hölzer.

Konkurrenzfähigkeit nach dem 2. Weltkrieg

Diese positive Sicht des 19. Jahrhunderts auf die kostengünstige Holzbringung per Floß unterstrich nach dem 2. Weltkrieg Karl Löbe in dem eingangs erwähnten Bericht. Angesichts des in Folge des Krieges stark eingeschränkten Schiffsverkehrs auf der Weser und angesichts der Tatsache, dass die Eisenbahn zum Transport anderer Güter als Holz benötigt wurde, stellte er die Bedeutung der Flößerei als wichtiges und leistungsfähiges Transportmittel für das zum Wiederaufbau dringlich benötigte Holz heraus. So nahm dieses Gewerbe denn auch bis Anfang der 1950er-Jahre einen erneuten Aufschwung (Keweloh 2014, S. 39 ff.).

Auch 1955 waren Flöße bei hohem Holztransportbedarf immer noch das geeignete Transportmittel. Als in diesem Jahr im Bereich des Forstamts Wellerode in Hessen 4000 Festmeter Holz durch Windwurf anfielen, übernahm der Kasseler Holzmakler Köhler diese Holzmenge. Einen Teil des Holzes verkaufte er an die Holzfirma Kellner in Bremen und einen anderen Teil an eine Möbelfirma in Lübbecke in Westfalen. Als Transportmittel für dieses Holz wählte Köhler das Floß. Er ließ 1956 das Holz von dem Melsunger Fuhrbetrieb Hans Kühlborn mit Lastkraftwagen zu einer Floßeinbindestelle nach Kassel bringen, die laut

Abb. 5:
1956 brachte der Flößer Friedrich Kemna aus Heinsen im Auftrag des Kasseler Holzhändlers Köhler nach Windwurf im Bereich des Forstamts Wellerode in Hessen Holz per Floß auf Fulda, Weser und Mittellandkanal zur Firma Kellner in Bremen sowie zu einer Möbelfirma in Lübbecke in Westfalen (Foto: Sammlung Keweloh)

Aussagen von Wolf-Dietrich Köhler aus Krailling, des Sohnes des Kasseler Holzmaklers, für diesen Floßbau wieder eingerichtet worden war. Als Flößer wurde Friedrich Kemna aus Heinsen engagiert, der das Holz mit einem Flößerkollegen über Fulda und Weser sowie über den Mittellandkanal zu den Kunden brachte (Abb. 5).

Der Aufschwung währte allerdings nur einige Jahre, da dann Schifffahrt und Eisenbahn wieder hauptsächlich den Holztransport übernahmen. Vor allem aber der Konkurrenz des Lkw, der die Baumstämme unmittelbar am Fällort im Wald übernehmen und dann direkt bis zum Konsumenten bringen konnte, war das alte, traditionelle Gewerbe nicht gewachsen. Die Steigerung der Lohnkosten, die beim mehrfachen Umschlagen vom Fuhrwerk/Lastwagen auf das Floß und von dort wieder auf Landfahrzeuge entstanden, wogen schließlich die Einsparung von Antriebskosten beim Floß, da dieses mit Hilfe der Strömung ohne gesonderten Antrieb fährt (in der Schiffersprache wird dafür die Bezeichnung „fahren mit kaltem Druck" verwendet), nicht mehr auf. Eine zusätzliche Belastung war der erhöhte Zeitfaktor bei der Floßfahrt.

Kulturerbe Flößerei

Die Flößerei hat über die Jahrhunderte hinweg Leben und Bewusstsein der Menschen entscheidend geprägt. Viele Orte und auch Städte an den Flüssen verstehen sich bis heute als „Flößerorte". Beispiele hierfür sind Wernshausen an der Werra (Abb. 6) oder Gimte an der Weser.

Karl Löbe nannte 1948 zahlreiche kleine Ortschaften im Oberweserraum, in denen „das Flössen Familientradition ist und wo fast jede Familie direkt oder indirekt mit der Flösserei verbunden ist." Das bei Weserkilometer 3,6 gelegene Dorf Gimte, das heute zur Stadt Hann. Münden gehört, bezeichnete Delfs wegen der Tatsache, dass die Flößerei neben Fischerei und Leineweberei im 18. und 19. Jahrhundert Haupterwerbsquelle der Ortsbewohner war, als „Flößerdorf" (Delfs 1952, S.53).

Auf die enge Verbindung von Ort und Gewerbe stieß man noch in den 1980er-Jahren, obwohl die Berufsflößerei seit

Abb. 6: Bis in die 1930er-Jahre wurde noch Holz aus Thüringen auf der Werra bis Hann. Münden geflößt. Im Bild hat sich der Wernshäuser Flößer Willi Nößler auf die Springpritsche des Floßes gesetzt, um bei der Wehrdurchfahrt keine nassen Füße zu bekommen (Foto: Sammlung Keweloh)

etwa 20 Jahren Geschichte war. In den Gesprächen mit den alten Flößern und ihren Familien, mit Kindern und Enkeln berichteten diese voller Stolz über die eigene harte Arbeit bzw. über die Leistungen der Vorfahren.

Einwirkungen auf die Landschaft

Die Flößerei hatte jedoch nicht nur Auswirkungen auf den Lebensalltag der Menschen am Fluss allgemein und denjenigen der Einwohner in den Flößerdörfern im Besonderen, die bis heute Nachwirkung auf deren Selbstverständnis zeigen. Auch in der Landschaft sind die Auswirkungen der Flößerei erkennbar.

So ist der Schwarzwald mit seinen Schwarzwaldtannen in der heutigen Form eine Folge des umfangreichen Holländerholzhandels im 17. und 18. Jahrhundert. Damals wurde vor allem das begehrte Eichenholz aus den Wäldern Badens und Württembergs in die Niederlande verkauft und geflößt. Die Aufforstung der Flächen erfolgte mit schneller wachsenden Fichten, die als Monokulturwald den bis dahin existierenden Mischwald ablösten.

In Norddeutschland erfuhr die Lüneburger Heide eine entsprechende Landschaftsveränderung durch Flößerei bzw. Trift. Neben den Städten Hamburg, Bremen und Celle benötigte vor allem die Saline in Lüneburg eine große Menge Holz. Der Baumbestand wurde gefällt und über die Heideflüsschen verflößt. Auf den Hauflächen entwickelte sich in der Folgezeit die heutige Heidelandschaft, die wiederum durch die Bewirtschaftung mit Schafherden kurz gehalten und damit erhalten wird.

Im heutigen Bewusstsein erscheinen sowohl der Schwarzwald mit seinen Tannen und Fichten als auch die Lüneburger Heide als natürliche Landschaften. Die Tatsache, dass beide durch die Flößerei entstandene Kulturlandschaften sind, ist beinahe unbekannt.

Touristische Flößerei

Die Verbindung mit der Flößerei sowie deren starke kulturelle Prägekraft auf die Bewohner solcher Dörfer hat dazu geführt, dass man sich in den Jahren nach dem Ende der kommerziellen Holzflößerei nostalgisch schwärmerisch an die Flöße, die Flößer und die Flößerei erinnerte. Ausschlaggebend war dafür die Tatsache, dass mit dem Ende der Flößerei häufig der Niedergang solcher Orte, die mit dem alten Beruf des Flößers verbunden waren, einherging.

Schon 1972, acht Jahre nach dem letzten kommerziellen Floß auf der Oberweser, ließ der Holzhändler Meyer-Gaffron aus Hann. Münden auf dem Holzeinbindeplatz der Stadt, dem Tivoli, mit Unterstützung der örtlichen Zeitung ein Floß bauen, das an die Bedeutung der Flößerei für die Holz-

Abb. 7: 1988 ließen die Flößer Werner Gans, Adolf Hofmeister und Willi Waßmuth die Erinnerung an die Weserflößerei wieder aufleben, als sie im Auftrag der Stadt Bad Oeynhausen in Reinhardshagen ein Weserfloß bauten (Foto: H.-W. Keweloh)

händlerstadt am Zusammenfluss von Werra und Fulda erinnerte.

Zu diesem Zeitpunkt waren alte Flößer wie der im Januar 1903 in Gimte geborene Karl Meyer, der im August 1934 sein Floßführerpatent erhalten hatte und der noch bis zum Ende der kommerziellen Flößerei als Lohnflößer tätig gewesen war, in der Lage, ihre praktischen Kenntnisse des Floßbaus und der Führung eines Floßes anzuwenden.

Das galt 1988 auch für die Flößer Werner Gans, Adolf Hofmeister und Willi Waßmuth aus Gieselwerder, die damals für die Stadt Bad Oeynhausen in Reinhardshagen ein Floß bauten und dieses vom Einbindeplatz zum Zielort nach Bad Oeynhausen brachten (Abb. 7). Dort wurde in Erinnerung an den Flößerberuf und seine Bedeutung ein Flößerdenkmal eingeweiht.

Die große mediale Aufmerksamkeit, vor allem des Fernsehens, führte dazu, dass Willi Waßmuth z. B. durch die Floßfahrten, die der NDR zur Dokumentation des alten Handwerks initiierte, zum „letzten Weserflößer" stilisiert wurde, obwohl damals noch einige andere Männer lebten, die den Flößerberuf ausgeübt hatten.

Flößerberuf und Flößerei als Kulturerbe

1996 engagierte eine Gruppe in Winsen Willi Waßmuth, um erstmals seit dem frühen 20. Jahrhundert wieder ein Floß auf dem Wesernebenfluss Aller zu bauen. Die Winser Flößer, inzwischen eine Arbeitsgruppe des Winser Heimatvereins, fuhren danach häufiger von Winsen nach Otersen; zweimal ging die Fahrt von der Aller in die Weser bis Bremen. Jedes Mal fanden die Floßfahrten unter großem Publikumszuspruch statt (Abb. 8). In Winsen gibt der Verein inzwischen das selbst wieder erworbene Fachwissen über alte Floßbautechniken in Projekten an Kinder und Jugendliche weiter.

Abb. 8:
Auch auf der Aller ließ eine Flößergruppe im Winser Heimatverein die Tradition der Flößerei 1998 wieder aufleben (Sammlung Winser Heimatverein)

Abb. 9:
Das Weserfloß der Reinhardshagener Weserflößer, das unter dem Stichwort „Floßfahrt *Lebendige Weser*" im Juli 2008 von Reinhardshagen bis Bremen fuhr, bei der Ankunft in Bremen (Foto: H.-W. Keweloh)

2003 und 2008 bot der Bau weiterer touristischer Flöße in Reinhardshagen an der Oberweser Gelegenheit, sich an die Weserflößerei zu erinnern. Vor allem das Projekt Floßfahrt „Lebendige Weser 2008", das der Verein „Büro am Fluss – Lebendige Weser e. V." mit Hilfe der Reinhardshagener Flößer im Juli 2008 durchführte, und das zu einer Fahrt von Reinhardshagen nach Bremen führte, sollte dazu dienen, dass „ein uraltes Gewerbe ... wieder erweckt" und „eine historische Flusslandschaft neu entdeckt" würde, wie es auf dem Cover der Broschüre hieß, die aus diesem Anlass produziert wurde (Abb. 9; Schätze der Weser 2008).

Zukunft der Flößerei

Wie überall in Deutschland wird die Flößerei auf der Weser aktuell nicht mehr gewerblich ausgeübt. Das Floß ist nicht mehr Transportmittel der zu Flößen verbundenen Handelsware Holz, die vom Gestehungsort zum Nutzungsort gebracht wird, auch wenn bei vielen dieser touristischen Floßfahrten Betriebe und Personen ihr Interesse an dem geflößten Holz anmelden und die Stämme wegen der besonderen Haltbarkeit geflößten Holzes gerne genutzt werden.

Immerhin kann man in der Gegenwart zumindest nicht mehr eindeutig behaupten, dass die kommerzielle Flößerei auf jeden Fall beendet ist und der Flößerberuf der Vergangenheit angehört. Als 2008 das Floß in Reinhardshagen gebaut wurde, waren beim Wasser- und Schifffahrtsamt in Hann. Münden erstmals wieder Schiffstransporte beantragt worden, nachdem über lange Jahre keine Handelsschifffahrt mehr auf dem Fluss durchgeführt worden war. Angesichts des immer dichteren Verkehrs auf den Straßen bietet der Wasserweg offenbar eine Ausweichmöglichkeit für den Transport von Waren (vgl. Beitrag Geldmacher in diesem Heft).

Da die Weser im Oberlauf naturbelassen ist und im Sommer oft nur eine äußerst geringe Fahrwassertiefe hat, können Flöße mit ihrer sehr geringen Eintauchtiefe möglicherweise in Zukunft geeignet sein, gerade auf der Oberweser wieder Waren zu befördern, die nicht mehr auf der Straße transportiert werden können, wenn es nicht zu einem Verkehrskollaps kommen soll. Allerdings ist davon auszugehen, dass Flöße dann vor allem Waren als Oblast befördern werden, wie sie es beispielsweise in der Vergangenheit mit dem Oberwesersandstein, den Töpferwaren von der Oberweser und sogar mit dem Porzellan aus Fürstenberg gemacht haben. Die neuen Oblasten dürften nun aber andere Güter sein, z. B. Windkraftflügel. Wahrscheinlich wäre auch die Bauweise der neuen Flöße eine andere als die der Flöße in der Vergangenheit.

Literatur

Borger-Keweloh, Nicola/Keweloh, Hans-Walter: *Flößerei im Weserraum. Leben und Arbeiten in einem alten Gewerbe.* Bremen 1991.

Delfs, Jürgen: *Die Flößerei im Stromgebiet der Weser.* Schriften der wirtschaftswissenschaftlichen Gesellschaft zum Studium Niedersachsen Neue Folge 34, Bremen 1952.

Delfs, Lina: *Floßländen und Floßhäfen im Mündungsgebiet der Geeste im 19. und 20. Jahrhundert.* In: Keweloh, Hans-Walter (Hrsg.): Auf den Spuren der Flößer. Wirtschafts- und Sozialgeschichte eines Gewerbes. Stuttgart 1988, 136–154.

Jentsch: *Der Einfluss der Kanalisierung der Oberweser und der Herstellung des Mittellandkanals auf die Forstwirtschaft des Wesergebiets.* Mündener forstliche Hefte 11, Berlin 1897.

Keweloh, Hans-Walter: *Auf den Spuren der Flößer. Wirtschafts- und Sozialgeschichte eines Gewerbes.* Stuttgart 1988.

Keweloh, Hans-Walter: *Die Flößerei auf der Weser nach dem 2. Weltkrieg im Spiegel eines Berichtes an die Hauptverwaltung der Binnenschifffahrt.* Deutsche Flößerei-Vereinigung, Mitteilungsblatt 21, 2014, 38–50.

Küster, Hansjörg: *Geschichte des Waldes. Von der Urzeit bis zur Gegenwart.* 3. Auflage, München 1998 (darin Seite 143–154: Flößerei und Trift – Holz als Handelsprodukt).

Müller, Theodor: *Schiffahrt und Flößerei im Flussgebiet der Oker.* Braunschweig 1968.

Radkau, Joachim: *Holz. Wie ein Naturstoff Geschichte schreibt.* München 2007.

Weserflößer Reinhardshagen und Büro am Fluss– Lebendige Weser e. V. (Hrsg.): *Schätze der Weser: Floßfahrt „Lebendige Weser 2008" vom 12. Juli bis 26. Juli 2008 von Reinhardshagen nach Bremen.* Höxter, Kassel 2008.

Die Weserumschlagstelle in Hann. Münden und die Schifffahrt auf der Oberweser: Vergangenheit – Gegenwart – Zukunft

Florian Geldmacher

Die *Weserumschlagstelle* ist ein bedeutendes Stück Geschichte der kleinen Handelsstadt Hannoversch Münden. Im Jahr 1906 eingeweiht, überstand der Binnenhafen mit seinem Hauptgebäude, am Zusammenfluss von Werra und Fulda gelegen, zwei Weltkriege und wurde dennoch 1978 stillgelegt. Durch den Bau der Eisenbahnstrecken Bebra-Eschwege-Göttingen und Kassel-Münden-Göttingen sowie durch die Aufspaltung Deutschlands in zwei getrennte Staaten verlor zunächst die Werra, dann die gesamte Oberweser immer mehr an Wichtigkeit in der Personen- und Frachtschifffahrt. Auch nach der Wiedervereinigung konnte dieser Bedeutungsverlust nicht wieder wettgemacht werden, weil die Prioritäten in der regionalen Strukturförderung nicht auf die Entwicklung der Wasserstraßen, sondern auf den Ausbau des Straßen- und Eisenbahnnetzes gelegt wurden.

Einleitung

Nach einem jahrzehntelangen Dornröschenschlaf entwickelte sich langsam die Nachfrage nach einer Verladestelle für extrem sperrige und schwere Bauteile, hervorgerufen durch den regionalen Wirtschaftsaufschwung (vor allem in Nordhessen). Hier bot sich der alte Binnenhafen *Weserumschlagstelle* mit seiner intakten Kaimauer an. Seit 2008 finden wieder regelmäßig Verladungen statt. Hintergrund hierfür ist vor allem die kontinuierliche Herabsetzung der maximalen Belastbarkeit von Brücken, so dass die für Großanlagen produzierenden Unternehmen keine andere Alternative haben, als den teuren Transport über die Binnenwasserstraßen zu nutzen. Im Zuge dieser Transportentwicklungen im Bereich Schwergutverladungen wird die Etablierung eines Schwergutterminals am Standort Hann. Münden geplant, dessen Verwirklichung und Wirtschaftlichkeit stark von politischen und wirtschaftlichen Entscheidungen abhängt.

Die Edertalsperre wurde ursprünglich gebaut, um die Wasserbereitstellung auf der Oberweser und für den Mittellandkanal gewährleisten zu können. Inzwischen hat sich auch die Erlebnisregion Edersee mit ihren Bedürfnissen etabliert. Hierzu hat das Wasser- und Schifffahrtsamt Hann. Münden (als Hüter des Wassers) eine moderierende Rolle übernommen. Aus diesem Grund ist der permanente Dialog zwischen den touristischen und industriellen Interessensgruppen weiterhin notwendig, um die endlichen Wasserreserven so effizient wie möglich einzusetzen. Auch der Einsatz von speziellen Binnenschiffen bzw. Schubleichtern mit geringem Tiefgang kann diesen Konflikt langfristig beilegen. Die Belebung der Frachtschifffahrt auf der Oberweser ist demnach möglich.

Die Etablierung einer festen Umschlaganlage in Form einer Portalkrananlage bzw. eines Schwergutterminals in Hann. Münden würde der regionalen Wirtschaft, vor allem bei extrem sperrigen und schweren Bauteilen, eine verlässliche Möglichkeit zur Nutzung der Binnenschifffahrt bieten und somit die zunehmende Transportunsicherheit durch die anderen Verkehrsmittel nehmen.

Wie bei allen Projekten dieser Art stellt sich allerdings auch hier für den Investor und Betreiber die Frage der Wirtschaftlichkeit. Die positive Transportprognose ist hierbei nur eine von vielen Kennzahlen, so dass letztendlich nur der Investor für sich und sein Unternehmen unter den gegebenen Voraussetzungen über die Realisierung einer solchen Anlage entscheiden kann. Vor diesem Hintergrund kann sich die lokale Politik unterstützend einschalten und sich z. B. um günstige Rahmenbedingungen bemühen. Die Realisierungsentscheidung liegt allein beim Investor.

Die Handelsstadt Hann. Münden

Hann. Münden entwickelte sich aus den ersten Siedlungsteilen mit der Verleihung des Stadtrechts in der Mitte des 12. Jahrhundert durch den welfischen Herzog Heinrich den Löwen zu einem florierenden Verkehrsknotenpunkt. Ausschlaggebend hierfür war vor allem die geographische Lage an Wasserwegen und Landstraßen. Die Ost-West-Wege sowie der Handel mit Nord-Süd-Verkehr waren nicht unbedeutend. Vor allem die Wasserwege waren über Jahrhunderte hinweg sichere und schnelle Transportwege zwischen den vielen Handelsstandorten Norddeutschlands. Bereits im Jahr 1187 entstand die erste Werrabrücke in Holzbauweise, und um 1220 erbauten die Thüringer Landgrafen die Steinbrücke, welche noch heute den nördlichen Eingang zur historischen Innenstadt bildet.

Zu dieser Kontrolle von lokal bedeutenden Verkehrswegen kam im Jahr 1247 die Begünstigung des Stapelrechts hinzu. Dieses für den Wohlstand der Stadt bedeutende Privileg zwang die reisenden Händler, ihre Waren abzuladen und über einen gewissen Zeitraum den Mündener Bürgern und Händlern zum Kauf anzubieten. Hann. Münden konnte nicht einfach umfahren werden und kontrollierte somit fast gänzlich den regionalen Handelsverkehr. Wichtigster Handelspartner dieser über 600 Jahre andauernden Blütezeit war die Hansestadt Bremen. Hann. Münden gehörte ebenfalls über Jahrhunderte dem Hansebund an. Trotz der Möglichkeit der Händler, sich durch die Zahlung eines Stapelgeldes von der Pflicht des Warenabladens zu befreien, kam es zeitweise sogar zu einer regelrechten Monopolstellung bei bestimmten Gütern wie Mühlsteinen, Flößen und Glas. Das Stapelrecht reizte aber auch andere Händler, hier einzukaufen und Handel zu betreiben.

Insgesamt haben der umtriebige Geschäftssinn von Händlern, Handwerkern und Bürgern allgemein sowie das Erringen von wichtigen Handelsprivilegien der Stadt und ihren Bürgern über Jahrhunderte zu Wohlstand verholfen. Auch der Wechsel der Obrigkeiten konnte diese langanhaltende Blütezeit nicht beeinträchtigen. Zeugen dieser Zeit sind vor allem die vielen bis heute gut erhaltenen Fachwerkhäuser in der Mündener Innenstadt. Weiterhin bieten auch die zahlreichen Kirchen, das Rathaus und natürlich das Welfenschloss einen authentischen Eindruck von der geschichtlichen Entwicklung des heutigen Mittelzentrums.

Die Stadt Hann. Münden und die Oberweser

Die Weser entsteht durch den Zusammenfluss von Werra und Fulda in Hann. Münden. Als Oberweser wird der Flussverlauf zwischen Hann. Münden und Minden bezeichnet. Durch die vielen Werder (Flussinseln) ist der genaue Entstehungsort der Weser lange Zeit diskutiert worden, bis 1899 der Mündener Industrielle Natermann am Nordende des Tanzwerders den bekannten Weserstein mit folgender Inschrift platzierte (vgl. Abb. 1):

Wo Werra sich und Fulda küssen
Sie ihre Namen büssen müssen,
Und hier entsteht durch diesen Kuss
Deutsch bis zum Meer der Weser Fluss.

Die Werra/Weser spielte bis ins 19. Jahrhundert eine wichtige Rolle als Transportweg. Mit dem zunehmenden Ausbau der Straßen und Schienenwege wurde die Frachtschiff-

Abb. 1: Mündener Notgeld mit Weserstein und Weserumschlagstelle von 1922 (Foto: F. Geldmacher)

fahrt auf der Weser allerdings unbedeutender. Mit der Aufhebung des Stapelrechts durch die Weserschifffahrtsakte von 1823 kam dieser Transportweg fast vollständig zum Erliegen. Auch die Einnahmen der Stadt und ihrer Bürger aus der Schifffahrt gingen rapide zurück. Vor diesem Hintergrund wurde aus der ehemaligen Schiffer- und Handelsstadt im Laufe der Zeit ein Gewerbe- und Industriestandort.

In den Gründerjahren hatte die Frachtschifffahrt am allgemeinen Aufschwung keinen großen Anteil. Zwar stieg der Tonnageraum der modernen Lastschiffe kräftig von 50 Tonnen (1820) auf 650 Tonnen (1900) und auf 1350 Tonnen (1960), doch konnte auf der Oberweser, u. a. durch den oft niedrigen Wasserspiegel, dieser Frachtraum kaum vollständig genutzt werden. Auch die Passagezahlen auf der Fulda nach Hann. Münden sanken immer weiter von 450 Schiffen (1904) auf nur noch 300 Schiffe (1908). Weil die Weser nie kanalisiert wurde, gelang es kaum, diesen Verkehrsweg dauerhaft zu beleben.

Besonderen Anteil an diesem Niedergang hatte der anfangs bejubelte Bau der Eisenbahn und die Erhebung Hann. Mündens zur Bahnstation. Durch den Bau der Bahnstrecken, hier Bebra-Eschwege-Göttingen und Kassel-Münden-Göttingen, verlor zunächst die Werra, dann die gesamte Oberweser immer mehr an Wichtigkeit in der Personen- und Frachtschifffahrt. Immerhin brachten der wachsende Wohlstand in den Städten und die Möglichkeit des Bahnreisens eine bis dahin ungekannte Reiselust mit sich. Man drängte am Wochenende und in den Ferien hinaus ins Grüne, und so wurde beispielsweise der Tanzwerder zwischenzeitlich zu einem beliebten Startpunkt für kleinere Dampferfahrten.

Der technologische Fortschritt der Eisenbahn ließ Schleppkähne und Pferdefuhrwerke langsam und teuer aussehen, so dass die aufblühende Industrie in Hann. Münden weniger über den Wasserweg transportieren ließ. Da half auch der Bau der Kaimauer (unter dem Weinberg), der Hafenbahn und der Weserumschlagstelle nur wenig.

Bereits 1980 stellte Erwin May in seiner Mündener Chronik (Münden und Umgebung) fest, dass dem Frachtverkehr auf der Oberweser zu keiner Zeit eine besondere Bedeutung zukam. Dennoch wurde immer wieder versucht, dieser Tatsache durch investive Maßnahmen entgegenzuwirken, mit zeitweisem Erfolg. Eines dieser Projekte stellt die Hafenanlage Weserumschlagstelle dar.

Die Weserumschlagstelle

Vor dem Bau der Weserumschlagstelle im Jahr 1904 betrug der Warenumschlag auf dem Wasser in Hann. Münden lediglich 6300 Tonnen. Zur besseren Schiffbarkeit der Weser wurde 1905 ein Wasserstraßengesetz verabschiedet, das den Neubau von Talsperren im Quellgebiet der Weser ermöglichte. Vor diesem Hintergrund wurde zwischen 1908 und 1914 die Edertalsperre gebaut. Die Güterprognose war zu dieser Zeit derart positiv, dass auch der Ausbau von Hafenanlagen in

Hann. Münden von einigen Unternehmen forciert wurde. Dazu kamen wieder die im Laufe der Jahrhunderte gewachsenen Handelsbeziehungen mit der Stadt Bremen ins Spiel.

Entstehung und Bau

Hinter dem Zusammenfluss von Werra und Fulda und am gegenüberliegenden Ufer zur Mündener Innenstadt wurde dazu auch die geeignete Verladestelle gefunden. Diese Fläche bot neben der idealen Lage auch Potenzial für den weiteren Ausbau des Frachtverkehrs. Dazu wurde von dem Norddeutschen Lloyd in Bremen, der Wesermühlenaktiengesellschaft in Hameln und dem Mündener Magistrat im Jahr 1905 die namentlich bis heute bestehende Weserumschlagstelle GmbH gegründet. Noch im selben Jahr begannen die Bauarbeiten. Zunächst erfolgte der Bau der Kaimauern. Über den Kaimauern wurde ein dreistöckiger Fachwerkbau errichtet.

Zu diesem nun offiziell als Weserumschlagstelle benannten Hafenbetrieb gehörte ein aus Bruchsteinen gemauertes langgestrecktes Gewölbe. Darin wurde in einem Akkumulatorenraum für die eigene Stromversorgung gesorgt. Darüber erhoben sich ein weiteres Stockwerk mit Maschinen- und Büroräumen sowie ein in Fachwerk ausgeführter, schiefergedeckter zweiter Stock mit Wohnungen. Des Weiteren gab es ein turmähnliches Gebäude, welches mit seinen vier Stockwerken weit über das Gebäudeensemble hinaus ragte (Abb. 2). Insgesamt beliefen sich die Kosten der Hafenanlage auf etwa 600 000 Mark. Die feierliche Eröffnung der Weserumschlagstelle erfolgte am 31. August 1906.

Ausbau des Hafenbetriebs

1906 erhielt der Teilabschnitt der Dransfelder Rampe der damaligen Hannöverschen Südbahn bei Kilometer 141,0 ein Anschlussgleis unmittelbar vor der alten

Abb. 2: Postkarte der Weserumschlagstelle mit neuer Kaimauer von 1906 (Foto: Verlag A. Platowitsch)

Werrabrücke, das auf einem eigenen Bahnkörper hinab zum Weserufer gegenüber dem Zusammenfluss von Fulda und Werra führte. Diese als Hafenbahn bezeichnete Stichstrecke war 1500 Meter lang und endete an der über 240 Meter langen Kaimauer der Weserumschlagstelle. Kurz vor Erreichen der Umschlagstelle verzweigte sich die Hafenbahn in mehrere Gleise, von denen eines in den 1980er-Jahren noch einige hundert Meter weiter bis zum Wasserübungsplatz der Bundeswehr rechts der Weser verlängert wurde, um per Schiene schweres Gerät wie Pontonbrückenteile transportieren zu können.

An der Weserumschlagstelle wurden hauptsächlich Massengüter wie Kali, Kohle, Getreide, Zement, Basaltsplit und Kies mit Hilfe eines Krans, der auf zwei Schienen bewegt werden konnte, von Güterwaggons auf Lastkähne verladen. 1910 wurde die Anlage zunächst durch ein Förderband und 1927 durch schwere, elektrisch betriebene Schaufeln erweitert. So konnte bis Mitte der 1930er-Jahre das Frachtaufkommen stetig erhöht werden. Der Umschlag von 90 000 Tonnen 1910 stieg auf 105 000 Tonnen 1927. Im Jahr 1936 wurden dann 222 000 Tonnen umgeschlagen. Weiterhin löste ab 1954, beim Weserkilometer Null, ein neuer automatischer Rollpegel die veraltete Wasserstandsanzeige gegenüber der Weserumschlagstelle ab.

Zwischenzeitlicher Niedergang

Der Niedergang der Weserumschlagstelle begann 1958 mit der Verbreiterung der angrenzenden Bundesstraße und dem Abriss des oberen Gebäudegeschosses. Dieser Schritt war notwendig geworden, um die Überschaubarkeit für den Verkehr auf der neu errichteten Weserbrücke und der Bundesstraße B80 gewährleisten zu können. An diesem Beispiel erkennt man, welcher der Verkehrsträger (Binnenschifffahrt, Schienen- und Güterkraftverkehr) sich letztendlich im gegenseitigen Verdrängungskampf durchgesetzt hat (vgl. Abb. 3).

In den 1970er-Jahren verlor die Weserschifffahrt weiter an Bedeutung, so dass der Warenumschlag 1972 noch 18 000 Tonnen, 1978 nur noch 12 500 Tonnen betrug. Schließlich folgten 1978 die endgültige Schließung der Weserumschlagstelle und damit der Stillstand der regelmäßigen Lastschifffahrt auf der Oberweser. Auch die dazugehörige Hafenbahn wurde vollständig stillgelegt. Das weiterführende Gleis zum Wasserübungsplatz wurde letztmalig in den 1990er-Jahren von einem Bundeswehrzug befahren. Die Gleise der Hafenbahn wurden, bis auf wenige Reste, bis Anfang 2005 zurückgebaut, und der Bergeinschnitt wurde teilweise bis zur Unkenntlichkeit aufgefüllt. Eine Rekonstruktion dieser Gleisanlage ist durch den Verkauf der Grundstücke zu Wohnzwecken heutzutage gänzlich ausgeschlossen.

In den Folgejahren wurde die Gesellschaft Weserumschlagstelle GmbH zusammen mit dem Hafengrundstück in die Verantwortung der Stadt Hann. Münden gegeben. Hieraus entstand im weiteren Zeitverlauf die zum Stadtkonzern gehörende Weserumschlagstelle Hann. Münden Wirtschaftsförderungs- und Stadtmarketing GmbH (WWS). Als Eigentümerin des

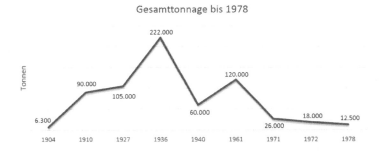

Abb. 3: Gesamttonnage an der Weserumschlagstelle bis 1978 (eigene Darstellung)

ehemaligen Hafenbetriebes nimmt diese Gesellschaft die Interessen der Stadt Hann. Münden für die Oberweser wahr und steht im permanenten Austausch mit dem Wasser- und Schifffahrtsamt Hann. Münden (WSA Hann. Münden), welches u. a. die Wasserabgaben koordiniert. Als solche ist die WWS auch in der Interessensgemeinschaft Oberweser vertreten. Diese hat u. a. das Ziel, die Schifffahrtsverhältnisse auf der Oberweser und die Abgabe sogenannter Wellen aus den Talsperren für die Schiffstransporte so effektiv wie möglich zu gestalten, um beispielsweise die Interessen der Erlebnisregion Edersee bestmöglich zu berücksichtigen.

Wiederaufnahme des Hafenbetriebs

Das Oberzentrum Kassel, welches genauso wie Erfurt und Göttingen über keine schiffbare Verbindung zu den Seehäfen verfügt, zeigte in den letzten Jahren eine bedeutende Wirtschaftsdynamik. Unter anderem stieg hier die Zahl der Beschäftigten deutlich stärker an als in anderen deutschen Städten. Gerade das produzierende Gewerbe, darunter auch die Hersteller von Großanlagen, begünstigten diesen Trend enorm. Problemstellung hierbei ist nicht die Auftragsgewinnung, sondern die logistische Herausforderung, mit den Produkten den Endkunden beliefern zu können. Vor diesem Hintergrund wurde seit 2008 der Verladeplatz auf dem Grundstück der Weserumschlagsstelle speziell im Teilbereich Schwergut langsam wieder in Betrieb genommen. Zuvor musste die alte Umschlagstelle durch eine Schwerlastplatte für etwa 250 000 Euro instand gesetzt werden. Die Finanzierung dieser Investition auf dem städtischen Gelände wurde von der Firma Richter Maschinenbau AG aus Hessisch Lichtenau übernommen, die im Folgejahr bereits 18 Bauteile mit insgesamt rund 3730 Tonnen verladen lassen konnte (Abb. 4, 5). Zur Eröffnung bzw. Reaktivierung der Weserumschlagstelle wurde ein Hafenfest mit einigen Vertretern aus der regionalen Politik und Wirtschaft veranstaltet, um auf die Möglichkeiten des Transportweges Oberweser aufmerksam zu machen.
Seitdem dient die Weserumschlagstelle wieder regelmäßig der Verladung schwerer Maschinenbauteile von Schwerlasttrans-

porten auf Binnenschiffe und umgekehrt. Durch das hohe Gewicht der Güter werden die Schiffe hierzu von zwei Mobilkränen be- und entladen. Diese Verladungen sind u. a. durch die hohen Kosten für die Beauftragung der mobilen Kräne bedeutend höher als der Transport über die Straße. Viele Anfragen für Verladungen mussten daher durch die fehlende Infrastruktur vor Ort abgelehnt werden.

Abb. 4: Verankerung der Schwerlastplatte (Foto: WWS)

Abb. 5: Erste Verladungen im Jahr 2008 (Foto: WWS)

Weiterentwicklung des Hafenbetriebs

Die Edertalsperre wurde ursprünglich gebaut, um die Wasserbereitstellung auf der Oberweser und dem Mittellandkanal gewährleisten zu können. Heute hat sich hier die Erlebnisregion Edersee etabliert. Aus diesem Grund ist der permanente Dialog zwischen den touristischen und wirtschaftlichen Interessensgruppen weiterhin notwendig, um die Wasserreserven so effizient wie möglich einzusetzen. Hierbei hat das Wasser- und Schifffahrtsamt Hann. Münden (als Hüter des Wassers) eine moderierende Rolle übernommen. Auch der Einsatz von speziellen Binnenschiffen bzw. Schubleichtern mit geringem Tiefgang kann diesen Konflikt langfristig beilegen. Die Firma AHE Verbundsteine Betonwaren aus Rinteln hat hierzu für die eigenen Kiestransporte ein flachgängiges Schubschiff entwickeln und bauen lassen, das ideal für die Oberweser-Nutzung angepasst ist. Bereits im Oktober 2014 konnte so der erste Schwerguttransport mit diesem innovativen Schubschiff „Lavara" und einem einfachen Schubleichter von Hann. Münden nach Minden durchgeführt werden. Doch um der zunehmenden Nachfrage an Verladungen durch die regionalen Unternehmen gerecht werden zu können, plant die städtische Eigentumsgesellschaft WWS zusammen mit einem Investor außerdem den Ausbau der Hafenanlage.

Bereits seit 2011 wird über den Bau eines Portalkrans nachgedacht, der als eines von insgesamt fünf regional bedeutsamen Projekten im Fusionsvertrag der Landkreise Göttingen und Osterode berücksichtigt wurde. Diese Fusion soll 2016 offiziell umgesetzt werden. In einer ersten Analyse zur Machbarkeit des Bauvorhabens, man sprach damals noch vom Portalkran, wurden zunächst alle regionalen Unternehmen befragt. Diese sogenannte Potenzialanalyse stellte das mögliche Transportaufkommen für die Oberweser dar und diente als Grundlage für die Wirtschaftlichkeitsprüfung einer solchen Anlage. Teilergebnis war, dass es nun nicht mehr nur allein um den Umschlag von Schwergütern, sondern auch um die Möglichkeit zur Vormontage von einzelnen Bauteilen gehen sollte. Die Ergebnisse dieser Studie wurden im August 2013 bei einem Empfang mit regionalen Vertretern aus Politik und Wirtschaft vorgestellt.

Beispielsweise nutzte ein Kohlegasanlagenhersteller aus Baunatal für einen Auftrag im Jahr 2013 eine Zwischenstation in Oman, um die einzelnen Bauteile (je etwa 125 Tonnen scher) vorzumontieren und diese dann weiter nach Indien zum Endkunden zu verschiffen. Dieser Ablauf erfordert einen höheren Zeit- und Kostenaufwand als eine Vormontage in Hann. Münden.

Das geplante Projekt „Portalkran" wandelte sich zum Projekt „Schwergutterminal". Zwischenzeitlich wurden den Transportunternehmen immer weniger Durchfahrgenehmigungen von Kommunen ausgestellt, so dass die Oberweser als alternativer Transportweg eine erhebliche Nachfrage erfuhr. Um die langfristige Wirtschaftlichkeit einer Investition in eine feste Hafenanlage zu gewährleisten und der zunehmenden Ablastung von Brücken gerecht zu werden, wurde die Realisierung dieses Schwergutterminals 300 Meter flussabwärts vom bisherigen Hafenareal durch einen entsprechenden Investor geplant (Abb. 6).

Nachdem wiederholt einige Verladungen von tonnenschweren Industriegütern über die Weserumschlagstelle gelaufen waren, versprach auch die Suche nach einem geeigneten Investor für das Projekt, ein Ende

Abb. 6:
Planskizze für das Schwergutterminal Hann. Münden
(Foto: WWS)

zu finden. Anfang 2014 wurden dazu intensive Gespräche mit potenziellen Investoren und dem Lenkungskreis Oberweser geführt. Der Lenkungskreis Oberweser hatte sich bundesländübergreifenden aus Vertretern von IG Oberweser, WSA Hann. Münden, IHK Kassel-Marburg, IHK Hannover, den Wirtschaftsförderungen Region Kassel/Region Göttingen/Stadt Hann. Münden, den verladenden Unternehmen sowie weiteren an der wirtschaftlichen und touristischen Nutzung der Oberweser interessierten Akteuren gebildet. In dieser projektbezogenen Konstellation finden regelmäßig Sitzungen zum aktuellen Geschehen auf der Oberweser statt.

Vor diesem Hintergrund konnte im März 2014 mit der neuen Planskizze zum Projekt Schwerguttermial und dem Vorlegen neuer Zahlen ein Gespräch mit Vertretern des Bundesministeriums für Verkehr und digitale Infrastruktur vereinbart werden, wo die Planungen rege diskutiert wurden. Dies war vor allem durch die enge Zusammenarbeit mit einigen politischen Vertretern auf Landes- und Bundesebene möglich. So konnte bereits Mitte 2014 die wichtige Aussage über die Instandhaltung der Oberweser für die nächsten 20 Jahre zugesichert werden, so dass eine verlässliche Investitionsperspektive für die weiteren Maßnahmen am Binnenhafen gewährleistet werden konnte. Des Weiteren wurde das mittelfristige Ziel, die Aufnahme der Oberweser in das nationale Schifffahrtsstraßennetz unter der Kategorie C aufzunehmen, zumindest in Aussicht gestellt. Voraussetzung hierzu ist der Nachweis eines signifikanten Transportaufkommens bis zur nächsten Reform der Regelungen zu den Bundeswasserstraßen (voraussichtlich 2020).

Zwischenzeitlich wurden auch die lokale Politik und die Öffentlichkeit über die Planungen informiert. Dies geschah durch eine detaillierte Projektvorstellung im Mündener Stadtentwicklungsausschuss Ende April 2014. Der einstimmige Konsens lautete hierbei, dass diese Projektentwicklung zukunftsweisend für den Wirtschaftsstandort Hann. Münden sein kann und weiterhin parteiübergreifend unterstützt wird.

Im Jahr 2014 wurden insgesamt 23 Bauteile (Kreisgröße) von drei verschiedenen Unternehmen mit durchschnittlich rund 107 Tonnen Gewicht über die Weserum-

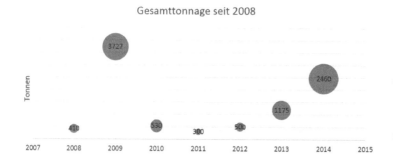

Abb. 7: Gesamttonnage an der Weserumschlagstelle ab 2008 (eigene Darstellung)

schlagstelle verladen (Abb. 7). Die Verladungsentwicklung zeigt eine klare Tendenz und unterstreicht somit die Notwendigkeit einer verlässlichen Hafenanlage für die verladenden Unternehmen.

Um die Machbarkeit und den Aufwand für dieses Investitionsvorhaben besser kalkulieren zu können, wurde Anfang Februar 2015 ein hydraulisches Gutachten in Auftrag gegeben. Die Ergebnisse dieses Gutachtens sind entscheidend für die weiteren Planungen zum Projekt Schwergutterminal Hann. Münden und werden für Ende Juli 2015 erwartet.

Durch die Weiterentwicklung des Projekts Portalkran zum Projekt Schwergutterminal und die damit verbundene notwendige Verlagerung des Bauvorhabens etwa 300 Meter flussaufwärts bietet das ehemalige Hafenareal Nutzungspotenzial für andere Möglichkeiten der Ansiedlung. Zwar wird auf längere Sicht die Kaimauer für wartende Binnenschiffe weiterhin erhalten bleiben, aber eine neue Nutzung der Gebäuderuine und Teile des Grundstückes ist grundsätzlich möglich.

Die Ruine Weserumschlagstelle

Das Gebäudeensemble an der Weserumschlagstelle stellt nach Bränden in den 1980er-Jahren heute nur noch einen Schatten der ehemaligen Pracht dar. Dennoch bietet der direkte Blick auf den Zusammenfluss von Werra und Fulda sowie auf die gegenüberliegende Flussinsel Tanzwerder und den Weserstein einen einzigartigen Standort in Hann. Münden. So wurde hier bereits wenige Jahre nach der Schließung des Hafenbetriebs über die Möglichkeit zur Etablierung einer gastronomischen Einrichtung nachgedacht. Diese hatte sich dann allerdings durch die verheerenden Brände zerschlagen. Es folgten Jahrzehnte des Verfalls (Abb. 8, 9).

Seit 2013 wird nun über die Entwicklung eines Beherbergungsbetriebes diskutiert, doch die Investitionen für die Wiederherstellung einer solch desaströsen Gebäudestruktur sind immens, so dass nur Sicherungsmaßnahmen zum Schutz vor weiterem Verfall durch die WWS durchgeführt werden konnten. Die Planung zur Nutzung

Abb. 8:
Die bewachsene Ruine der Weserumschlagstelle
(Foto: Photo Burkhardt)

Abb. 9:
Entwurfsskizze für eine mögliche Entwicklung (Foto: WWS, Architektenbüro Rohrer)

des Geländes als Veranstaltungsstandort, beispielsweise für die Austragung eines erneuten Hafenfestes, ist in Erarbeitung und soll erstmalig 2016 wieder umgesetzt werden.

Wiederum ist man also auf der Suche nach einem entsprechenden Investor, der dieses Stück Mündener Geschichte zum dauerhaften Leben erwecken kann.

Fazit

Es bleibt also zu hoffen, dass sowohl die Schifffahrt als auch die geschichtsträchtige Ruine wiederbelebt werden können. Der bisherige Entwicklungsprozess im Oberweserfrachtverkehr hat jedoch gezeigt, dass es immer wieder Konjunkturkurven geben wird. Es stellt sich hierbei die schwierige Frage, ob wir uns gerade am Beginn einer solchen Kurve oder bereits auf deren Zenit befinden.
Die Realisierung eines Schwergutterminals in Hann. Münden würde regionalbedeutsame Standortvorteile mit sich bringen, weil die Oberweser damals wie heute die einzig schiffbare Wasserverbindung zu den norddeutschen Seehäfen darstellt. Diese zusätzliche Anbindung an das Bundeswasserstraßennetz würde den Unternehmen in Nordhessen, Südniedersachsen sowie Westthüringen sehr zugute kommen und wahrscheinlich die Wirtschaftsdynamik unterstützen.
Das Verlagerungspotenzial von Schwergütern auf den Transportweg Oberweser ist hierbei sicherlich nur die erste wichtige Kennzahl, um die Wirtschaftlichkeit eines solchen Schwergutterminals abschätzen zu können. Wichtig sind vor allem die Prognose für die alternativen Transportwege sowie die Belastbarkeit verkehrswichtiger Brücken. Sollten diese weiterhin eine kontinuierliche Ablastung erfahren und damit die Genehmigungsschwierigkeiten (gerade bei Schwertransporten) weiterhin anhalten, ist das Mündener Schwergutterminal eine schlüssige Lösung. Trotz vereinzelter Diskussionen zwischen den politischen Vertretern und den Interessengruppen scheint es

hierbei auch keine guten Argumente gegen ein solches Bauvorhaben zu geben, so dass allein der Investor und zukünftige Betreiber dieser Anlage abschließend eine Realisierungsentscheidung treffen kann.

Es fehlt daher momentan nur noch an dem entscheidungswilligen „Realisator" für diese langfristige Projektumsetzung zur Wiederbelebung der Frachtschifffahrt auf der Oberweser.

Literatur

Klingner, Ralf: *Untersuchung über die Wirtschaftsstruktur der Stadt und des Kreises Hann. Münden unter besonderer Betonung der Rolle der Industrie und ihrer Wachstumsmöglichkeiten.* Dissertation an der Georg-August-Universität Göttingen, Göttingen 1964.

May, Erwin (Hrsg.): *Münden und Umgebung.* 5. Auflage, Hann. Münden 1980.

Pezold, Johann Dietrich von: *Geschichte der Stadt Münden im 19. und 20. Jahrhundert. Heft 1: Münden 19. Jahrhundert.* Münden 1980.

Stockhausen, Joachim von (Hrsg.): *Hann. Münden und die Schiffahrt auf Werra, Fulda und Weser.* Göttingen 2003.

Wegner, Rudolf: *Verkehr und Verkehrswege im Raum Hannoversch Münden. Die Entwicklung auf Straßen, Flüssen und Schienen in den letzten 200 Jahren: Vom Treidelpfad zur Schnellbahntrasse.* Heimat- und Geschichtsverein Sydekum zu Münden, Hann. Münden 1992.

Wegner, Rudolf: *Furten, Fähren, Brückenschläge im Raum Hann. Münden.* Heimat- und Geschichtsverein Sydekum zu Münden, Hann. Münden 1994.

Historische Wasserbauten in Niedersachsen

Fließgewässer im Spannungsfeld zwischen Natur- und Kulturgüterschutz im Kontext der Europäischen Wasserrahmenrichtlinie

Ansgar Hoppe

> Die Fließgewässer in Niedersachsen mit ihren Auenbereichen sind sehr wertvolle Lebensräume. In ihrer natürlichen Ausbildung gelten sie trotz ihrer verhältnismäßig kleinen Flächen aufgrund ihrer Dynamik und ihres Strukturreichtums als besonders artenreiche und produktive Lebensräume des Festlandes. Allerdings sind sie durch die Nutzung des Menschen stark verändert und beeinträchtigt worden. Dabei entstanden jedoch auch vielfältige Wasserbauten, die in ihrer kulturellen Hinsicht von großer Bedeutung sind. In dieser Publikation geht es um das Spannungsfeld zwischen der Erhaltung und Entwicklung einer natürlichen Dynamik und einer ihr mitunter entgegenwirkenden Bewahrung des kulturellen Erbes der historischen Wasserbauten.

Einleitung

Im Jahr 2000 wurde die Europäische Wasserrahmenrichtlinie (EG-WRRL) von der Europäischen Kommission und dem Europäischen Parlament verabschiedet, nach der bis zum Jahr 2015 ein guter ökologischer und chemischer Zustand der Wassersysteme zu schaffen und dauerhaft zu gewährleisten ist. Diese ökologische Güte der Gewässer zielt vor allem auf eine typische und vielfältige Zusammensetzung der Pflanzen- und Tierarten ab. Eine artenreiche Lebensgemeinschaft lässt sich allerdings nur unter der Voraussetzung einer naturnahen Gewässerstruktur und der Einhaltung von chemischen Grenzwerten (Nährstoffe, Salze, Schwermetalle etc.) erreichen.

Dieser Zustand ist jedoch trotz zahlreicher durchgeführter Maßnahmen erst in einem kleineren Anteil der niedersächsischen Gewässer erreicht. Hinsichtlich des ökologischen Zustands/Potenzials wurden nur 2 Prozent der niedersächsischen Fließgewässer mit „gut" bewertet (Persy 2015). Die Mehrzahl der Gewässer, vor allem der Fließgewässer, ist in ökologischer Hinsicht durch den Gewässerausbau der letzten Jahrhunderte stark beeinträchtigt. Dazu gehören insbesondere Veränderungen in der hydromorphologischen Struktur (Trapezprofile, Verbauungen, Sandablagerungen, Laufbegradigungen etc.) und eine vielfach fehlende lineare Durchgängigkeit durch fast 6000 Querbauwerke (Zumbroich/Müller 2005). In der Vergangenheit sind den gewässerökologischen Belangen der Wassersysteme zu wenig Bedeutung beigemessen worden. Mit der Umsetzung der EG-Wasserrahmenrichtlinie ist durch verschiedene Bewirtschaftungspläne und ihre Maßnahmen eine grundlegende Umgestaltung der Fließgewässer in Gang gesetzt worden, die zu einer größeren Naturnähe und Artenvielfalt führen soll. Dazu soll unter anderem die natürliche Durchlässigkeit von Fließgewässern wiederhergestellt werden, und zwar möglichst von der Quelle bis zur Mündung. Das gilt für im Fließgewässer wandernde Fischarten, z. B. die im Süßwasser laichenden Lachse und Meerforellen, die im Meer laichenden Aale sowie eine Vielzahl von Organismen verschiedener Tiergruppen (Krebse, Muscheln, „Würmer", Larven verschiedener Insektengruppen etc.), die im oder auf dem Grund der Gewässer leben. Insgesamt sollten also Voraussetzungen dafür geschaffen werden, dass sich eine größere Naturnähe und auch eine höhere Artenvielfalt einstellen können. Das Erreichen dieser Ziele ist für die Erhaltung unseres Naturerbes von großer Bedeutung.

Bei der Betrachtung der Wassersysteme in einem ganzheitlichen Ansatz spielen jedoch neben den ökologischen Gesichtspunkten auch kulturhistorische Aspekte eine bedeutende Rolle. Denn es gibt historische Wasserbauten, die zum charakteristischen Bild von Landschaften erheblich beitragen und die wesentliche Zeugnisse der Geschichte in der Landschaft darstellen. Mit einigen Wasserbauten werden auch Grundwasserstände in Böden reguliert, in denen zahlreiche Gebäude, auch Denkmale, fundamentiert sind. Die Erhaltung dieser Gebäude könnte in Gefahr geraten, wenn Grundwasserstände verändert werden. Das kann auch archäologische Fundstellen betreffen, die in Feuchtbereichen besonders häufig, aber zum größeren Teil noch nicht erschlossen sind. Größere Umgestaltungen in diesen Auenbereichen stellen eine potenzielle Gefährdung des archäologischen Erbes dar.

So kann die Herstellung naturnaher Zustände in Fließgewässern und Auen in Konflikt zu der Bewahrung kulturhistorisch bedeutsamer Güter treten. Die kulturhistorischen Aspekte des Umgangs mit Gewässern werden in der Wasserrahmenrichtlinie und in ihrer Umsetzung weitgehend ausgeklammert.

Das derzeitige Erscheinungsbild vieler Fließgewässer und insbesondere das ihrer Wasserbauten und Nutzungsstrukturen spiegeln die wirtschaftliche Entwicklung und die technischen Fortschritte der vergangenen Jahrhunderte wider. In und an Gewässern befinden sich Bauwerke von kulturhistorischer Bedeutung, die als erzählende Elemente für das Verständnis kulturlandschaftlicher Zusammenhänge, für das Landschaftsbild und die Identität der Heimat von vielen Menschen bedeutsam sind. Daher ist es zunächst wichtig, die kulturhistorische Bedeutung von Wasserbauten zu erkennen, auch wenn sie nicht in jedem Fall ohne Weiteres auf der Hand liegt.

Die Umgestaltung der Fließgewässer im Zusammenhang mit der Umsetzung der Wasserrahmenrichtlinie darf nicht zu einem flächenhaften Verlust unseres kulturellen Erbes im Wasserbau führen. Der Rückbau von Wehren und Schleusen sowie die Umgestaltung von künstlichen Be- und Entwässerungssystemen stehen nicht selten in einem Konflikt mit dem Gebot, historische Zeugnisse unserer Kultur, also auch des Wasserbaus, zu bewahren. Dieses Gebot findet bislang gerade bei Wasserbauten kaum Beachtung. Zwar bleiben eingetragene Kulturdenkmale wie Wassermühlen meist vom Umbau oder gar Abriss verschont, ihre konstituierend dazugehörigen Elemente wie Mühlwehre, -gräben und Teiche sowie die Vielzahl der „unscheinbaren" historischen Wasserbaureste werden bei der Entwicklung und Durchführung der Maßnahmen jedoch sehr häufig nicht berücksichtigt – möglicherweise oft aus Unkenntnis über ihren kulturgeschichtlichen Wert.

Historische Kulturlandschaften tragen zur Eigenart, Vielfalt und Schönheit der Landschaft bei und sind mit ihren Kultur-, Bau- und Bodendenkmälern gemäß § 1 Nr. 4 (1) des Bundesnaturschutzgesetzes zu erhalten. Die Passage im Gesetzestext lautet: „Zur dauerhaften Sicherung der Vielfalt, Eigenart und Schönheit sowie des Erholungswertes von Natur und Landschaft sind insbesondere Naturlandschaften und historisch gewachsene Kulturlandschaften, auch mit ihren Kultur-, Bau- und Bodendenkmälern, vor Verunstaltung, Zersiedelung und sonstigen Beeinträchtigungen zu bewahren ..."

Darüber hinaus können die anthropogen entstandenen Landschaften mit den historischen Wasserbauten auch zur Biodiversität von Gewässerökosystemen beitragen, wie beispielsweise die Grabensysteme und Bodenstrukturen der einstmals in Niedersachsen weit verbreiteten Wiesenbewässerung oder noch mit Wasser gefüllte ehemalige Flachsrotten. Zudem haben historische wasserbauliche Eingriffe auch die Ansiedlung von Arten und Lebensgemeinschaften von naturschutzfachlichem Wert gefördert. Historische Kulturlandschaftselemente besitzen zumindest Potenziale zur eigendynamischen Entwicklung und Biotopbildung (Hoppe 2011). Insofern ist nicht nur aus kulturhistorischer, sondern auch aus ökologischer Sicht eine differenzierte Betrachtung und Bewertung von historischen Wasserbauten notwendig.

Typen historischer Wasserbauten

In den Einzugsgebieten der Fließgewässer gibt es eine große Vielzahl und eine große Vielfalt historischer Wasserbauten (siehe Tab. 1), die unmittelbar oder mittelbar von Maßnahmen zur Umsetzung der Wasserrahmenrichtlinie der EU (EG-WRRL) betroffen sein können.

Es sind sowohl denkmalgeschützte Bau- und Bodendenkmäler als auch Elemente der historischen Kulturlandschaft ohne rechtlichen Schutzstatus, die aber gleichwohl historische Zeugnisse und für das Verständnis kulturlandschaftlicher Zusammenhänge von großer Bedeutung sind.

Landwirtschaft	Pegel	Waschplatz/Waschtreppe
Bewässerungswiese	Schleuse	Wasserkraftanlage
Entenfang	Stapelplatz	**Be- und Entwässerung**
Flachsrotte, Rottekuhle	Treidelpfad	Be-/Entwässerungsgraben
Schwemme/Schafwäsche	**Wasserwirtschaft/ Fischerei**	Drainage
Tränke/Fething	Düker	Grüppe
Verkehr	Fischteich	Schöpfwerk
Brücke/Durchlass/Steg	Fischwehr/Fischzaun	Staudamm/Staumauer
Buhne	Umflut	Tief
Fähre/Fährstelle	Wasserleitung	Wehr
Fleet/Wettern	**Handwerk und Gewerbe**	**Teichanlagen**
Flößteich	Bleiche, Bleichegraben	Dorfteich/Hofteich/Löschteich
Floßbindeplatz	Kunstgraben (Bergbau)	Graft/Gräftenanlage
Flößgraben	Wassermühle	Stausee/Talsperre
Furt	Mundloch	**Deichbau/ Landgewinnung**
Hafen	Mühlendamm	Flussdeich (inkl. Brack)
Sielhafen	Mühlengraben	Siel
Kai	Mühlteich	**Grenzen**
Kanal	Mühlgang/Gerinne	Grenzgraben

Tab. 1: Nach Funktionsbereichen gegliederte Übersicht historischer Wasserbauten (aus Hoppe 2012)

Sie spiegeln die wirtschaftliche Entwicklung und die technischen Fortschritte seit dem Mittelalter wider und stellen so eine Verbindung der heutigen Landschaft und Bevölkerung zur Landesgeschichte her. Viele dieser historischen Wasserbauten und wasserbaulichen Strukturen sind nicht oder nicht ausreichend in ihren kulturhistorischen Zusammenhängen bekannt. Daher soll im Folgenden aus der Vielzahl an Typen historischer Wasserbauten anhand von einigen Beispielen aus den unterschiedlichen Funktionsbereichen auf ihre Bedeutung und Zusammenhänge eingegangen werden. Obwohl ein großer Anteil der archäologischen Fundstellen (z. B. prähistorische Siedlungen, Gräberfelder oder Kultplätze) im Boden verborgen ist, sind die archäologischen Objekttypen in der Übersicht nicht enthalten, weil sie nur von Fachleuten sicher identifiziert werden können (Verband der Landesarchäologen in der Bundesrepublik Deutschland o. J.), sind sie bzw. ihre potenziellen Vorkommen aber in Planungsprozessen und Maßnahmen zur Fließgewässerrenaturierung unbedingt zu berücksichtigen.

Wasserbauten entstanden vor allem im Zusammenhang mit der Nutzung von Gewässern für die Landwirtschaft, als Verkehrswege, für die Nutzung der Wasserkraft sowie als Schutzbauten vor zu viel Wasser. Bei diesen Nutzungsfeldern spielten jeweils andere Gesichtspunkte eine Rolle. Für die Landwirtschaft war es vor allem wichtig, dass das Niveau des Grundwasserstandes einreguliert, also erhöht oder erniedrigt wurde. Pflanzen brauchen zwar unbedingt Wasser zum Wachsen, sollten aber nicht im staunassen Bereich stehen. Bei zu niedrigem Wasserstand wurde Wasser zugeleitet, bei zu hohem Wasserstand abgeleitet. Insgesamt wurde dabei auf vielen ursprünglich trockeneren oder feuchteren Flächen der Wasserstand durch Be- und Entwässerung auf ein ähnliches Niveau gebracht. Ferner ging es den Landwirten um die Versorgung ihres Viehs mit (Süß-)Wasser. Dies hatte gerade im küstennahen Bereich große Bedeutung. Für die Nutzung von Gewässern als Verkehrswege war es besonders wichtig, dass sie einen gleichbleibenden Wasserstand erhielten, so dass man an möglichst vielen Tagen im Jahr mit denselben Schiffen oder Booten im gleichen Beladungszustand auf den Gewässern unterwegs sein konnte. Bei der Nutzung der Wasserkraft für Handwerk und Gewerbe war es entscheidend, Wasser zu stauen, um es dann an einer technischen Anlage mit großer Kraft in ein niedrigeres Niveau abfließen zu lassen. Die Errichtung von Schutzbauten diente dem Zweck, die zerstörerische Wirkung des Wassers fernzuhalten.

Bereits in der Vergangenheit war es nicht ganz einfach, die verschiedenen Nutzungsinteressen miteinander in Einklang zu bringen. Immer wieder mussten Kompromisse angestrebt werden, etwa zwischen Landwirten, die ihre Wiesen bewässern wollten, und Müllern, die Wasser auf ihre Mühlräder leiten wollten (Küster 2010).

Landwirtschaft

Als größter Flächennutzer ist die Landwirtschaft der prägende Faktor im ländlichen Raum. Die heutige Kulturlandschaft ist im Wesentlichen das Ergebnis einer langen landwirtschaftlichen Tätigkeit. Eine grundlegende Voraussetzung für eine Ausweitung der Anbauflächen war die Kontrolle des Wassers. Daher sind aus dem Bereich der Landwirtschaft viele Strukturen als Elemente der historischen Kulturlandschaft erhalten geblieben.

Noch häufig aufzufindende historische Elemente aus dem Bereich der Landwirtschaft stellen *Bewässerungswiesen* (auch Wässerwiesen, Flößwiesen, Rieselwiesen) dar. Sie wurden seit dem Ausgang des Mittelalters und verstärkt seit dem frühen 19. Jahrhundert (Bauernbefreiung, Gemeinheitsteilungen) angelegt. Für die Wiesenbewässerung wurde das Oberflächenwasser von Bächen und Flüssen genutzt und wurde über teilweise komplizierte Kanal- und Grabensysteme auf die Wiesen geleitet. Die wesentlichen Wirkungen der Bewässerung waren die Düngung (vor der flächenhaften Verfügbarkeit von Mineraldünger) und die Anfeuchtung der Wiesen sowie eine Vegetationsverlängerung durch die erwärmende Wirkung des Wassers im Frühjahr. Damit trug die Wiesenbewässerung zu einer gesteigerten Futtergewinnung bei und stellte bis zur Mitte des 20. Jahrhunderts eine wesentliche Voraussetzung für die ansteigende Produktivität der Landwirtschaft dar (Hoppe 2002). Durch die spezifischen Formen und Grabenstrukturen der Wässerwiesen bildet sich ein Vegetationsmosaik aus, das die kleinräumig wechselnden Relief- und Feuchteverhältnisse nachzeichnet (siehe Abb. 1). Dieses Mosaik ist auch dann noch zu erkennen, wenn die Bewässerung längst aufgegeben wurde. Damit ist die standörtliche und biologische Diversität bewässerter und ebenso auch noch ehemals bewässerter Wiesen erheblich höher als die von nicht bewässerten Standorten.

Die heute fast vollständig verschwundene und in Vergessenheit geratene Wirtschaftsform der Wiesenbewässerung war noch in den 1930er-Jahren die beherrschende Bewirtschaftungsform in vielen Bach- und Flusstälern Niedersachsens. Heute findet man nur noch zahlreiche Relikte dieser Landnutzung in Form von hangparallelen

Abb. 1:
Ehemals bewässerte Wiesen im Seevetal im Landkreis Harburg. Der Wechsel zwischen hellen und dunklen Streifen im Bild zeichnet einen Höhen- und Feuchtegradienten nach, der sich in der Vegetation widerspiegelt (Foto: A. Hoppe)

Bewässerungsgräben, Zuführungskanälen unterhalb von Wegen am Talrand sowie kleineren oder größeren Stauanlagen, die allerdings zunehmend gerade im Zuge der Umsetzung der Wasserrahmenrichtlinie beseitigt werden. Die ehemaligen Wiesenflächen sind dagegen heute vielfach eingeebnet, um sie mit modernen Ackergeräten besser bearbeiten zu können; viele dieser Flächen werden weiterhin als Grünland genutzt oder sind bereits in Ackerland umgewandelt worden. Bei den wenigen noch in ihrer Struktur erhaltenen Flächen ist die Nutzung meist aufgegeben worden, die ehemalige Nutzung ist meist nur noch auf dem Luftbild zu erkennen.

Verkehr

Mit zahlreichen Bauwerken wurde und wird der Verkehr auf dem Wasserweg reguliert. Im Folgenden werden einige Typen und Bauwerke und Strukturen vorgestellt, die in einem direkten Funktionszusammenhang zum Gewässer stehen.

Eine *Brücke* ist die Kreuzung eines Landverkehrsweges und einem Wasserweg mit einer lichten Weite zwischen den Widerlagern von mehr als zwei Metern. Sowohl nach ihrem Baumaterial (Holz, Stein oder Beton) als auch nach ihrem Konstruktionsprinzip (fest oder beweglich) lassen sich Brücken in eine Vielzahl unterschiedlicher Typen gliedern.

Während es an den Unterläufen großer Flüsse bis ins 19. Jahrhundert hinein keine festen Strombrücken gab, wurden kleinere Flüsse und Bäche dagegen schon früher überbrückt, auch durch Steinbrücken (etwa bei der ehemaligen Burg Calenberg an der Leine südlich von Hannover). Wie auf der Abbildung gut zu sehen ist, stammt das Material gerade bei Steinbrücken meist aus der direkten Umgebung und lässt so Rückschlüsse auf den geologischen Untergrund zu. Die meisten größeren historischen Brücken sind denkmalgeschützt, viele kleinere kulturhistorisch interessante Brücken jedoch nicht (siehe Abb. 2).

Es gibt sehr verschiedene Formen von Häfen, die in Abhängigkeit von den dort ver-

Abb. 2:
Brücke aus Buntsandstein über den Forstbach im Hooptal (Lkr. Holzminden) als Zugang zu einem Steinbruch (Foto: A. Hoppe)

wendeten Booten oder Schiffen konstruiert sind. Schiff und Hafenanlage müssen nach dem Schlüssel-Schloss-Prinzip zueinander passen. Häfen können verschiedenen Zwecken dienen: der Passagierbeförderung, dem allgemeinen Güterumschlag oder auch dem Umschlag spezieller Güter (Ziegel, Kalk, Torf). Auch der Schutz der Schiffe vor Hochwässern und im Winter vor Eisgang spielte eine wichtige Rolle (Schutzhafen, siehe Abb. 3).

Die ursprünglichsten *Häfen* waren einfache Schiffsländen, an denen man kleine Boote aufs Gestade ziehen konnte. Solche Anlagen bestanden beispielsweise am Rand eisenzeitlicher und frühmittelalterlicher Wurten. In einigen kleineren Flüssen wurde der Verkehr mit kleineren Booten und die Nutzung von Schiffsländen länger beibehalten; beim Betrieb von Freizeitbooten wird ein solches System noch heute unterhalten, etwa an der Leine und an der Hase. Seit dem Mittelalter wurden immer mehr Kaianlagen gebaut, mit einer aus Holz bestehenden Wand oder einer Kaimauer und einer Arbeitsplattform. An einer Kaimauer konnten nur hochbordige Schiffe festmachen, die man wegen ihres erheblichen Gewichtes nicht auf eine Schiffslände ziehen konnte. Der Übergang von der Verwendung kleiner Boote und Schiffsländen zur Konstruktion von hochbordigen Schiffen und Kaianlagen revolutionierte die Schifffahrt im Mittelalter ganz erheblich. Kaianlagen entstanden an der Nordseeküste und an mehreren größeren Flüssen. Jeder Fluss hatte ursprünglich „seinen" Schiffstyp (z. B. Harener Emspünte, Elbkahn, Jeetzelkahn) und für einen Betrieb mit diesen Schiffen mussten die Häfen mit ihren Kaimauern speziell angepasst sein.

An der Nordseeküste und an den Unterläufen der Flüsse gab es noch eine Sonderform des Schiffsbetriebes. Dort wurden die Tidenwasserstände in spezieller Weise ausgenützt. Bei Hochwasser ließ man die Schiffe in Hafenbecken einfahren, bei Niedrigwasser fielen sie trocken. Sie setzten sich auf dem Boden des Hafenbeckens ab und konnten dann von Land aus

Abb. 3:
Der ursprünglich größere Weserhafen in Holzminden von 1837 hatte eine reine Schutzfunktion für Transportschiffe (Foto: A. Hoppe)

mit Pferdegespannen erreicht werden, um sie zu be- und entladen (siehe Abb. 4). Für einen solchen Schiffsbetrieb kamen nur Plattbodenschiffe in Frage, die je nach dem am Ort vorhandenen Tidenhub unterschiedlich konstruiert waren.

Für den stärkeren Tidenhub der inneren Deutschen Bucht brauchte man Ewer mit einem völlig platten Boden aus Nadelholz, das zunächst über die Flößerei vom Oberlauf der Elbe, später durch Import bereitgestellt wurde. Vor allem an der Niederelbe waren diese Schiffe weit verbreitet (Küster 2007, 2013).

Eine besondere Hafenform entstand beim Abbau der Hochmoore, vor allem im Bereich der Unterweser und westlich davon. Im Moor bei Niedersandhausen (Lkr. Osterholz) liegen heute mitten im Moor drei Moorseen. Sie waren ehemals die Torfhäfen, die blind im Moor endeten. Von dort aus wurden die Torfschiffe, mit getrocknetem Torf beladen, über einen Torfkanal nach Bremen verschifft, wo sie im Torfhafen Bremen-Findorff entladen wurden.

Wasserwirtschaft/Fischerei

Fischteiche sind künstliche und meist flache Gewässer, in denen Fische gezüchtet werden. In ihnen wird Wasser mit Hilfe von Wällen und Wehren gestaut; der darin eingebaute Wasserabfluss (Überlauf) wird als Mönch bezeichnet. Man lässt viele Fischteiche regelmäßig ablaufen, um dann den kompletten Fischbestand zu „ernten". In der Regel liegen mehrere Fischteiche nebeneinander, und zwar zur Haltung verschiedener Arten und Altersklassen von Fischen. In den flachen Fischteichen konnte es zu einer Entwicklung von Stickstoff fixierenden Algen kommen; daher sammelten sich dort Stickstoffverbindungen an. Wenn man eine Teich-Grünland-Wechselwirtschaft betrieb, konnte man die Stickstoffverbindungen zum Düngen des Graslandes verwenden. Die Restwassermengen von Bächen oder Flüssen, deren Wasser zum Füllen der Teiche genutzt wird, werden um die Teichanlagen herumgeleitet (Umflut). Die Umflutanlagen

Abb. 4: Gepflasterte Rampe an einem (ehemals) zur Este führendem Kanal in Jork-Königreich. Die Beladung der Ewer bei Niedrigwasser wurde so deutlich vereinfacht (Foto: A. Hoppe)

sorgen für einen Hochwasserschutz sowie ein Mindestmaß an Durchlässigkeit der Fließgewässer auch innerhalb der Teichlandschaften.

Fischteiche entstanden in der Nähe von Klöstern (z. B. Grauhof bei Goslar, Marienrode bei Hildesheim, Walkenried im Südharz, Riddagshausen bei Braunschweig, Abb. 5); sie dienten sowohl der Versorgung der Klosterbewohner, die während der Fastenzeiten kein Fleisch essen durften, als auch dem Handel mit Fisch, der bei einigen Klöstern ihre wirtschaftliche Basis darstellte. Aber auch andernorts entstanden Teichlandschaften, die in der Regel viel mehr separate Teiche umfassten als die Anlagen bei den Klöstern (Meißendorfer Teiche und die Aschauteiche bei Celle, Ahlhorner Teiche im Oldenburger Land).

Abb. 5: Fischteiche des ehemaligen Zisterzienserklosters Riddagshausen bei Braunschweig (Foto: A. Hoppe)

Die Trinkwasserversorgung war von jeher ein wichtiges Anliegen der Bevölkerung. Insbesondere bei Fehlen von geeigneten Brunnen bzw. innerörtlichen Quellen erfolgte in einigen Orten bis weit ins 19. Jahrhundert hinein die Zuleitung von sauberem Wasser in einem oberirdisch verlaufenden künstlichen Graben. So wurde der Ort Polle an der Weser durch den Piepenbach versorgt, der von Quellbächen oberhalb des Ortes gespeist wird und nahezu hangparallel bis in den oberen Ortsbereich von Polle geführt wird (siehe Abb. 6). Er stammt möglicherweise aus dem ausgehenden Mittelalter (vgl. Wagner o. J.).

Solche oberirdischen Trinkwasserleitungen sind sehr selten erhalten geblieben und zudem weitgehend unbekannt. Sie sind daher in Bezug auf Maßnahmen der Wasserrahmenrichtlinie besonders in ihrem historischen Bestand gefährdet.

Abb. 6: Die hangparallel geführte historische Trinkwasserleitung „Piepenbach" im Norden von Polle (Lkr. Holzminden). Vielleicht nicht zufällig ähnelt der Name des Gewässers der Bezeichnung für mittelalterliche, aus Baumstämmen gefertigte Rohrleitungen, den sog. Pipen (lat: pipa, Röhre; Foto: A. Hoppe)

Handwerk und Gewerbe

Bis zur Einführung häuslicher Waschmaschinen war die große Wäsche eine aufwendige Prozedur. Man wusch die Wäsche oft an Gewässern bzw. brachte sie zumindest zum Spülen dorthin. An den Ufern von Fließgewässern waren in manchen Fällen Treppen gebaut worden, damit man in Abhängigkeit von höheren oder niedrigeren Wasserständen stets mit der Wäsche an die Gewässeroberfläche herankam. Solche Anlagen sind längst nicht mehr in Betrieb, aber Überreste sind vereinzelt noch erhalten geblieben. Sie haben dann eine große Bedeutung für das Verständnis kulturhistorischer Bezüge und müssen bei Maßnahmen zur Fließgewässerrenaturierung erkannt werden und erhalten bleiben (Abb. 7).

Weiße Kleidungsstücke aus Baumwolle und Leinenstoffe mussten zur Erlangung eines höheren Weißegrades gebleicht werden. Besonders Leinen ist natürlicherweise nicht weiß, sondern hat aufgrund des enthaltenen Lignins eine leicht gelbliche Tönung, die nach jeder Wäsche wieder sichtbar wird. Das Leinen musste man also bleichen, um es weiß zu bekommen. Dazu gab es in der Nähe von Dörfern und Städten Bleichplätze, zumeist bestehend aus Wiesen und einem Wasserlauf, wie er beispielsweise in Holzminden weitgehend erhalten ist (Abb. 8).

Zum Bleichen wurden die feuchten Wäschestücke auf den Wiesen ausgebreitet und durch die Sonneneinstrahlung (Fotokatalyse und andere chemische Prozesse) gebleicht. Für diesen Vorgang war es wichtig, die Wäsche immer feucht zu halten. Daher wurden häufig die Bleichen mit künstlichen Wasserläufen, den sog. Bleichegräben, versehen (Linnemann 2009).

Auch in der industriellen Leinenproduktion war die Rasenbleiche bis in die 1920er-Jahre weit verbreitet. Trotz der bereits Ende des 18. Jahrhunderts entdeckten chemischen, meist chlorhaltigen Bleichsubstanzen konnte auf die Rasenbleiche besonders für Leinenstoffe nicht verzich-

Abb. 7:
Waschstein zum Waschen und Spülen der Wäsche an der Mühlenexter in Exten (Foto: A. Hoppe)

Abb. 8:
Der historische sandsteingefasste Bleichegraben in Holzminden von 1834 inmitten der ehemaligen Bleiche (Foto: A. Hoppe)

tet werden, da der von den Kunden gewünschte Weißegrad (der Weißegrad einer Textilware bestimmte ihren Handelswert) bei Leinen sehr leicht das Gewebe angriff und die Haltbarkeit einschränkte (Schlicht 2010).

Zu den bedeutendsten Kulturlandschaftselementen an Fließgewässern zählen *Wassermühlen*. Diese für die niedersächsische Region mindestens bis in karolingische Zeit (8. Jahrhundert) zurückreichende Kulturtechnik geht vielfach auf die Initiative aus dem klösterlichen Umfeld zurück (Kleeberg 1978), denn durch die Rationalisierung des Mahlens und die Freisetzung von Arbeitskräften ermöglichten die Wassermühlen oft erst den Betrieb von großen Abteien.

Bei Wassermühlen wird die Energie des fließenden Wassers genutzt. Das Wasser, das beim Überwinden des Gefälles große Kraft entwickelt, kann zum Antrieb einer Kraftmaschine verwendet werden. Wassermühlen wurden zu zahlreichen Zwecken gebaut, zum Mahlen von Korn (Kornmühle), zum Sägen von Holz (Sägemühle), zum Antreiben von Blasebälgen, die zur Verhüttung von Erzen verwendet wurden, zum Zerkleinern von Gestein vor der Erzschmelze (Pochmühle), zum Mahlen von Gewürzen (Gewürzmühle), zum Zerreiben von Kalk (Kalkmühle) oder Färbepflanzen (Farbmühle), zum Bearbeiten von Eisen (Eisenhammer) oder zu noch anderen Zwecken. Viele Mühlräder trieben in späterer Zeit keine Mühlenanlagen mehr an, sondern Turbinen, mit denen Strom gewonnen wurde (Abb. 9).

Vielfach wird die Reaktivierung ehemaliger Mühlenstandorte zur Energiegewinnung als Beitrag zur Energiewende und CO_2-Einsparung betrachtet. Dagegen gibt es jedoch oft starke ökologische Bedenken. Der Nutzen der meist nur kleinen Wasserkraftanlagen steht vielfach in keinem Verhältnis zu der zu erwartenden Schädigung der besonders in naturnahen Gewässern noch vorkommenden gefährdeten Tier- und Pflanzenwelt (vgl. Niedersächsischer Heimatbund 2007).

Abb. 9:
Die Mühle in Forst (von 1834, Mühlenstandort von 1437) nutzt das Wasser des Forstbaches zur Gewinnung elektrischer Energie. Sie ist die letzte von mindestens acht ehemaligen Mühlen am nur 14 Kilometer langen Forstbach (Foto: A. Hoppe)

Abb. 10:
Der Mühlgraben der Duhnemühle bei Negenborn (Lkr. Holzminden) wird auf einem Damm geführt (Foto: A. Hoppe)

In der Nähe von Mühlen wird Wasser aus einem *Mühlengraben* oder *Mühlkanal* entweder direkt auf das Mühlrad geführt oder zuvor durch einen *Mühlendamm* zu einem *Mühlteich* gestaut, der als Wasserreservoir dient. Ein Mühlgraben verläuft meist am Talrand oder kann in einer eher seltenen Form auch dammartig erhöht sein, um die kinetische Energie des Wassers zum Betrieb oberschlächtiger Wasserräder noch zu vergrößern (Abb. 10).

Be- und Entwässerung

Neben den Gräben zur Be- und Entwässerung sind es vor allem *Wehre* (auch Stauwehre) als technische Bauwerke, mit denen der Wasserstand in einem Fließgewässer, einem Kanal oder einem Teich gestaut und reguliert wird. Sie lassen sich neben der Be- und Entwässerung auch anderen Funktionsbereichen zuordnen. Wehre können je nach verwendetem Ma-

Abb. 11: Vierteiliges Schützenwehr zur Wiesenbewässerung an der Seeve zwischen Jesteburg und Lüllau (Foto: A. Hoppe)

terial (Holz, Stein, Beton oder Metall) in viele verschiedene Untertypen gegliedert werden (vgl. Uhlemann 2002, Kupfer 2011). Wehre sind an den Ufern und der Sohle des Gewässers mit Fundamenten versehen, an denen feste oder bewegliche Verschlüsse zur Regulierung des Wasserstandes angebracht sind. Mit einem *Pegel*, einer Messleiste, lässt sich der jeweilige Wasserstand ermitteln. Der am meisten verbreitete Wehrtyp war bis in die 1920er-Jahre das *Schützenwehr*, bei dem bewegliche Tafeln aus Holz den Wasserstand regulierten (Abb. 11).

Ein deutschlandweit und besonders in Niedersachsen selten gewordener Wehrtyp ist das Nadelwehr, bei dem zum Aufstauen zahlreiche Kanthölzer (die sog. Nadeln) senkrecht in eine Metallvorrichtung gestellt wurden, die am Grunde des Gewässers befestigt waren (Wiegand 2005). Ein Nadelwehr ist heute meist mit dem Betrieb einer Schleuse verbunden, weil damit eine exakt bestimmbare Wassertiefe oberhalb der Wehranlage erzeugt werden kann. Heute noch genutzte Nadelwehre finden sich beispielsweise an der Ilmenau, an der Aller, der Ems und an der Werra (Abb. 12). Den drei letzten (sanierungsbedürftigen) Nadelwehren an der Ilmenau droht auch aufgrund der Entwidmung der Ilmenau als Bundeswasserstraße der Abriss und der Ersatz durch Sohlgleiten, obwohl sie unter Denkmalschutz stehen. Ihre manuelle Bedienung ist aufwendig und erfüllt heute nicht mehr die Anforderungen an den Arbeitsschutz, weshalb Nadelwehre nach und nach durch modernere Überlaufwehre ersetzt worden sind. Wie die Abbildung zeigt, sind zur Stauregulierung meist einige Kanthölzer gezogen, daher bieten sie gegenüber den Überlaufwehren eine gewisse Durchgängigkeit für Fließgewässerorganismen in beide Richtungen (Niedersächsischer Heimatbund 2015).

Wehre stellen einen großen Abteil der registrierten Querbauwerke in Niedersachsen dar (Zumbroich/Müller 2005), insofern stehen sie auch hinsichtlich der Maßnahmen zur Herstellung der Durchgängigkeit von Fließgewässern besonders im Fokus. Der Anteil der historisch bedeutenden An-

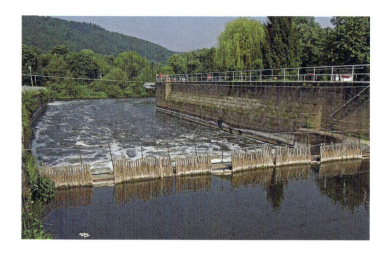

Abb. 12: Nadelwehr mit Schleuse in Hann. Münden (Foto: A. Hoppe)

lagen ist im Verhältnis zu den bestehenden Anlagen zwar recht gering, trotzdem sind in jedem Einzelfall die historische Bedeutung zu prüfen und abgewogene Maßnahmen zu erreichen. Ähnlich wie in Thüringen (Kupfer 2011) wurden einzelne wasserbauliche Anlagen als Einzeldenkmale von den Denkmalschutzbehörden erfasst und unter Schutz gestellt, eine systematische Erfassung fand in Niedersachsen jedoch nicht statt.

Konflikte und Konfliktlösungen

Um eine Abwägung zwischen den Belangen des Naturschutzes und des Kulturgüterschutzes machen zu können, ist es wichtig, mögliche Konfliktfälle bereits im Vorfeld sichtbar zu machen und den Maßnahmen- und Entscheidungsträgern Lösungsansätze aufzuzeigen, die möglichst beiden Belangen gerecht werden. Dabei kann es unter Umständen zu einer Umsetzung von Maßnahmen kommen, die für den Naturschutz weniger optimal zu sein scheinen. Genauso ist es möglich, dass es zu einer Lösung einer Konfliktsituation kommt, die aus denkmalpflegerischer Sicht nicht optimal ist. In den folgenden Abschnitten soll an den wenigen (von vielen!) Beispielen gezeigt werden, wie im Einzelfall mit der Umgestaltung von historischen Wasserbauten umgegangen wurde. Dabei ist einerseits zu berücksichtigen, wie die Öffentlichkeit einbezogen wurde, der es um die Bewahrung von Heimat ging. Andererseits soll dargestellt werden, wie technische Möglichkeiten bei der Vereinbarung von Interessen des Naturschutzes (Wasserrahmenrichtlinie) und der Bewahrung von Kultur (denkmalpflegerische Aspekte) zum Einsatz gebracht wurden.

In Holzminden diente das Wasser der Dürren Holzminde neben der Trinkwassergewinnung, der Bewässerung der Talwiesen und zur Energiegewinnung für die zahlrei-

Abb. 13:
Die Dürre Holzminde nördlich der Liebigstraße mit dem sich auf der rechten Seite erstreckenden Gelände der ehemaligen Altendorfer Bleiche in Holzminden (Foto: A. Hoppe)

Abb. 14:
Mauerbegrenzung mit einem Treppenzugang zur Dürren Holzminde im Westteil der ehemaligen Altendorfer Bleiche in Holzminden (Foto: A. Hoppe)

chen an den Gewässerläufen liegenden Betriebe auch dem Waschen und Bleichen der Wäsche. Abbildung 13 zeigt die Dürre Holzminde an der ehemaligen Altendorfer Bleiche. Bis zur Renaturierung im Jahr 2004 zog sich vor allem an der Südseite eine Sandsteinmauer an der Altendorfer Bleiche entlang, die im Rahmen der ökologischen Umgestaltung der Dürren Holzminde entfernt wurde.[1] Diese Mauer war Teil der Bleiche. Eine Sandsteintreppe in der Mauer ermöglichte einen Zugang zum Wasser, mit dem die Weißwäsche während des Bleichprozesses besprengt werden musste (ähnlich wie bei der noch erhaltenen Anlage, die etwas weiter flussabwärts liegt, siehe Abb. 14).

Innerhalb des Planungsprozesses wurde die kulturhistorische Bedeutung der Mauer mit Treppe an der Altendorfer Bleiche kaum berücksichtigt. Die in der WRRL geforderte lineare Durchgängigkeit des Gewässers war nicht gefährdet, die Hydromorphologie jedoch stark beeinträchtigt. In einem Abwägungsprozess unter Berücksichtigung der kulturhistorischen Bedeutung dieses inzwischen sehr selten gewordenen (und hier gut erhaltenen!) Objekttyps hätte die Mauer mit der Treppe im Hinblick auf die historische Gesamtsituation der Altendorfer Bleiche ohne Weiteres erhalten werden können, zumal die gewünschte Verbesserung des ökologischen Zustands vergleichsweise gering ausgefallen ist.

Ein weiteres Beispiel aus der Stadt Holzminden ist die „Renaturierung" des Bleichegrabens an der Holzmindener Bleiche (siehe Abb. 8). Bereits der Begriff „Renaturierung" ist hier irreführend, da es sich bei dem Gewässer nicht um ein natürliches, sondern um ein im 19. Jahrhundert künstlich angelegtes Gewässer handelt. Die Zerstörung des kulturhistorisch wertvollen, in Niedersachsen nur noch sehr selten erhaltenen Bleichegrabens konnte quasi in letzter Minute durch den Einsatz des Heimat- und Geschichtsvereins Holzminden verhindert werden (Linnemann 2009). Auch hier waren Genese und kulturhistorische Bedeutung dieses Objekts nicht berücksichtigt worden, sie war möglicherweise den handelnden Personen auch nicht bekannt. In diesem Fall wäre eine Konsultation der Unteren Denkmalschutzbehörde, des Stadtarchivs oder des Heimat- und Geschichtsvereins notwendig gewesen.

Bei der *Sittenser Mühle* im Landkreis Rotenburg/Wümme (Abb. 15, 16) ist 2012 eine Umwandlung des Stauwehrs an der Oste in eine Sohlgleite vorgenommen worden.

Eine kurzfristige Verfügbarkeit von Fördergeldern mit einer hohen Förderquote sorgte für eine Beschleunigung des Verfahrens, denn der Umbau musste bis Ende 2012 abgeschlossen sein, um die Fördergelder nicht verfallen zu lassen. Die aus dem 19. Jahrhundert stammende Wassermühle mit vorhandener traditioneller Mahltechnik steht als Einzeldenkmal zusammen mit dem oberhalb liegenden Mühlenteich und dem Mühlbach unter Denkmalschutz, das Ostewehr jedoch nicht. Dieses Wehr wurde durch eine 162 Meter lange Sohlgleite ersetzt, damit die Durchgängigkeit der Oste hergestellt wird. Nach langer Diskussion

Abb. 15:
Die Sittenser Mühle mit dem Mühlbach und dem Stauwehr der Oste vor dem Umbau (Foto: H. Hauschild)

Abb. 16: Die Sittenser Mühle mit dem Mühlbach und dem Stauwehr der Oste nach dem Umbau (Foto: A. Quell)

und Protesten aus der Bevölkerung, des örtlichen Heimatvereins und Teilen der lokalen Politik ist es immerhin gelungen, dass sich das Mühlrad der historischen Wassermühle auch weiterhin dreht und deren Wasserzufuhr über ein separates kleines Stauwehr erfolgt, das in die neue Ostebrücke eingebaut wurde.[2] Die Erlebbarkeit des historischen Zusammenhanges ist durch die neue Konstruktion zwar etwas eingeschränkt, dank des Einsatzes aller Beteiligten ist das Ergebnis jedoch deutlich besser ausgefallen als befürchtet. Das weniger spektakuläre, jedoch als letzte derartige Anlage bedeutende Stauwehr der Wiesenbewässerung an der Oste in Groß Meckelsen (Abb. 17) ist bereits abgerissen worden, obwohl es möglich gewesen wäre, eine Sohlgleite so anzulegen, dass sowohl die Durchgängigkeit der Oste hergestellt als auch das historische Stauwehr erhalten worden wäre.

Abb. 17: Das Stauwehr der ehemaligen Bewässerungsanlage in Groß Meckelsen wurde im Juli 2012 abgerissen (Foto: H. Hauschild)

Bewertung der kulturhistorischen Bedeutung historischer Wasserbauten

Um einen Kompromiss zwischen den Zielen der Europäischen Wasserrahmenrichtlinie und der Bewahrung von Denkmalen oder denkmalwerten Strukturen in der Landschaft zu erreichen, ist es im Umgang mit Fließgewässern sowohl wichtig, deren ökologischen Zustand und ökologische Entwicklung zu beachten, als auch den kulturhistorischen Wert von Wasserbauten im Auge zu behalten, insofern sollte vor jeder Maßnahme an historischen Wasserbauten eine Erfassung und Bewertung nach ökologischen und kulturhistorischen Kriterien erfolgen.

Die Bewertung von Fließgewässern der Europäischen Wasserrahmenrichtlinie orientiert sich am Leitbild des natürlichen Gewässerzustands. In zahlreichen Publikationen wird die ökologische Bewertung der Fließgewässer thematisiert (vgl. LAWA 2000 sowie in Niedersachsen die zahlreichen Publikationen des Niedersächsischen Landesbetriebes für Wasserwirtschaft, Küsten- und Naturschutz, so. z. B. NLÖ 2001, Rasper 2001, NLWKN 2008).

Die Bewertung der kulturhistorischen Bedeutung von historischen Wasserbauten sollte nach einem Bewertungsraster erfolgen, das eine Einschätzung der Wertigkeit der historischen Wasserbauten und anderer historischer Strukturen an Gewässern ermöglicht. Dabei sind im Wesentlichen folgende Kriterien zu beachten, die im Rahmen eines Projektes des Niedersächsischen Heimatbundes zwischen 2010 und 2012 auf Grundlage der neueren Forschungen zur Bewertung historischer Kulturlandschaft und historischer Wasserbauten (Gunzelmann 1987, Wöbse 1994, Büttner 2006, Boesler/Kleefeld 2009, Thiem 2006 und Kupfer 2011) modifiziert wurden (vgl. Hoppe 2012):

- kulturhistorischer Zeugniswert (Bedeutung der Anlage als Zeugnis der historischen Lebens- und Wirtschaftsweisen unter den Aspekten der geschichtlichen Bedeutung und ihrer Ablesbarkeit),
- Erhaltungszustand (physische Verfassung der Bausubstanz sowie ihre Authentizität, Vollständigkeit der Baukonstruktion, Erhaltungszustand der Baufunktionalität),
- architektonisch-künstlerischer Wert unter Einbezug der ästhetischen Qualität,
- Seltenheit (Seltenheit auf landesweiter/regionaler Ebene und Gefährdung durch Bestandsabnahme),
- Dokumentationsstatus (Menge und Güte der für ein Objekt vorliegenden Unterlagen wie Archivalien und Publikationen),
- Schutzstatus (Denkmalschutz, Biotop, Geschützter Landschaftsbestandteil oder Naturdenkmal),
- kulturhistorischer Ensemble-Wert (funktioneller Strukturzusammenhang des Objektes innerhalb des Ensembles und seine gesamtfunktionelle Bedeutung sowie Authentizität des einzelnen Objektes in seinem Zusammenhang mit dem Gesamtensemble),
- Erlebbarkeit von Objekten (Zugänglichkeit, Erkennbarkeit, Ausstrahlungseffekt und ästhetische Bedeutung).

Eine nach diesen Kriterien durchgeführte Bewertung soll als Basis für abwägende Entscheidungen dienen, die beim Umgang mit Fließgewässern und den zu ihnen gehörenden Bauwerken gefällt werden müssen. Dabei gilt folgende Grundregel: Je mehr Kriterien in Quantität und Qualität erfüllt sind, umso höher ist die Bedeutung eines Wasserbauwerks oder seiner kulturlandschaftlichen Struktur zu bewerten. Zudem kann die Gewichtung dieser verschiedenen Kriterien je nach Objekttyp unterschiedlich sein. Die wichtigsten Kriterien sind jedoch immer (in dieser Reihenfolge): Kulturhistorischer Zeugniswert – Erhaltungszustand – Seltenheit. Die Entscheidungen müssen aber immer im Einzelfall getroffen werden. Die Bewertungskriterien und ihre Ergebnisse müssen dabei in Ausdrucksformen überführt werden, die von den Menschen vor Ort auch tatsächlich verstanden werden.

Fazit

Um zu einer guten und allgemein akzeptierten Entscheidung bei der Bewahrung von Bauwerken und Anlagen in Fließgewässern oder der Verbesserung des ökologischen Standards der Gewässer zu kommen, ist zunächst einmal nicht nur eine eingehende ökologische Analyse, sondern auch eine Analyse des kulturhistorischen Wertes einer Anlage notwendig. Alle Analysen müssen idealerweise sowohl unter Fachleuten als auch in der Öffentlichkeit eingehend diskutiert werden. Dabei ist nicht nur eine Entscheidung zu fällen, wie bei Umbau oder Erhaltung zu verfahren ist, sondern auch Verständnis dafür zu wecken, wie man Forderungen der Europäischen Wasserrahmenrichtlinie und der Denkmalpflege miteinander in Einklang bringen kann oder, wo dies nicht möglich ist, dafür Verständnis zu gewinnen, dass entweder den Forderungen der Wasserrahmenrichtlinie oder der Denkmalpflege entsprochen wird. Grundsätzlich muss klar sein, dass es mehrere Möglichkeiten der Entscheidung gibt; dabei sollte aber nach Möglichkeit darauf geachtet werden, dass sie im Einklang mit und nicht im Widerspruch zu Forderungen aus einem anderen Bereich des Schutzes von Natur, Kultur und Heimat steht.

Beim Schutz unserer heimischen Landschaft kann es nicht allein um Aspekte von Naturschutz gehen. Die Umgestaltung der Fließgewässer nach ökologischen Kriterien kann ohne eine rechtzeitige Beteiligung der Denkmalpflege und der Diskussion mit einer interessierten Öffentlichkeit zu einem Verlust des kulturellen Erbes im Wasserbau führen. Das Gebot, Denkmalpflege und die interessierte Öffentlichkeit bei der Neugestaltung oder Wiederherstellung von Fließgewässern zu beteiligen, findet bislang zu wenig Beachtung, oft aus Unkenntnis über das Vorkommen, die Genese oder Bedeutung der Gewässerbauten und -strukturen, deren Geschichte nicht selten bis in das Mittelalter zurückreicht.

Insofern ist nicht nur in ökologischer, sondern auch aus kulturhistorischer Sicht eine differenzierte Betrachtung und Bewertung von historischen Wasserbauten notwendig. Ein Zeitdruck, eine Entscheidung rasch herbeizuführen, der beispielsweise dadurch entsteht, dass Fördergelder zu verfallen drohen, ist in diesem Zusammenhang nicht zielführend. Die kulturhistorische Bedeutung von Wasserbauten muss, wie in den Bewertungsansätzen gezeigt, in jedem Einzelfall zunächst ermittelt werden. Sie hat Bedeutung – und nicht nur die Erfassung des ökologischen Zustandes oder des Potenzials eines Fließgewässers. Ohne eine eingehende Prüfung des kulturhistorischen Wertes sind zahlreiche bedeutende Landschaftsstrukturen an Fließgewässern bedroht bzw. bereits unwiederbringlich zerstört worden.

Es ist sicher nicht sinnvoll oder gar geboten, jedes Bauwerk zu erhalten. Es kommt zum einen darauf an, die berechtigten Forderungen der Wasserrahmenrichtlinie nach der notwendigen Zustandsverbesserung der Fließgewässer und damit die Erhaltung und Wiederherstellung von Lebensräumen für Tiere und Pflanzen zu erfüllen, zum anderen aber auch Anlagen von kulturhistorischer Bedeutung zu schützen. Es ist in jedem Einzelfall notwendig, die verschiedenen technischen Möglichkeiten unter größtmöglicher Wahrung der historischen Bausubstanz und unter umfassender Beteiligung des Denkmalschutzes zu prüfen und die weitgehende öffentliche Beteiligung zu gewährleisten.

Auch wenn die Öffentlichkeit über unterschiedliche Maßnahmen wie Informationsveranstaltungen (u.a. Regional- und Gebietsforen), Vorträge und Broschüren, Information im Internet sowie durch Beiräte auf Länderebene beteiligt wurde, fühlen sich die unmittelbar betroffenen Menschen, die in Siedlungen an den Flüssen wohnen und dort beheimatet sind, bei der Umsetzung der Maßnahmen jedoch oft überrascht vom Fortschritt der Planungen und sehen sich oftmals nicht in der Lage, gefasste Beschlüsse nachzuvollziehen. Hier ist eine frühzeitige, ergebnisoffene Beteiligung der Öffentlichkeit anzustreben, die über die Träger öffentlicher Belange hinausgeht. Man muss eine Form der Beteiligung finden, die betroffene Anwohner oder Menschen, die sich von einer Maßnahme betroffen fühlen können, auch wirklich erreicht. Im Kern kommt es nicht nur darauf an, die in Gesetzen vorgeschriebenen Wege der Bürgerbeteiligung einzuschlagen; vielmehr ist zu erreichen, dass die betroffenen Personen sich auch tatsächlich eingebunden fühlen.

Insgesamt sollte auf der Basis einer ökologischen und kulturhistorischen Erfassung und Bewertung der ökologische Zustand von so vielen Gewässern wie möglich verbessert werden; und genauso sollten auch so viele kulturhistorisch bedeutsame Wasserbauten wie möglich erhalten bleiben. Der Kompromiss dabei kann die beste Lösung sein – ebenso wie die komplette Bewahrung der Anlage und deren komplette Beseitigung.

Auf diese Weise können Regelungen von Natur- und Denkmalschutz gleichermaßen zu ihrem Recht kommen und gemeinsam zur Erhaltung unserer historischen Kulturlandschaft beitragen.

Anmerkungen

1 vgl. http://www.bever-holzminde.de/projekte_duerre.php, zuletzt eingesehen am 24.07.2015.

2 Sittenser Mühlenwehr wird abgerissen: Zevener Zeitung vom 24.02.2012. – Keine Drehung ohne Mauer. Zevener Zeitung vom 20.07.2012.

Literatur

Boesler, Dorothee/Kleefeld, Klaus-Dieter: *Kulturgüter in der Planung. Handreichung zur Berücksichtigung des kulturellen Erbes bei Umweltprüfungen.* Köln 2009.

Büttner, Thomas: *Kulturlandschaft als planerisches Konzept. Die Einbindung des Schutzgutes „historische Kulturlandschaft" in der Planungsregion Oberfranken-West.* Dissertation Technische Universität Berlin 2006 (http://opus.kobv.de/tuberlin/volltexte/ 2009/2120/pdf/buettner_thomas.pdf).

Gunzelmann, Thomas: *Die Erhaltung der historischen Kulturlandschaft. Angewandte Historische Geographie des ländlichen Raumes mit Beispielen aus Franken.* Bamberger Wirtschaftsgeographische Arbeiten 4, Bamberg 1987.

Hoppe, Ansgar: *Die Bewässerungswiesen Nordwestdeutschlands - Geschichte, Wandel und heutige Situation.* Abhandlungen des Westfälischen Museums für Naturkunde 64 (1), Münster 2002.

Hoppe, Ansgar: *Die Europäische Wasserrahmenrichtlinie und ihre Auswirkungen auf historische Wasserbauten.* Jahrbuch für den Landkreis Holzminden 30, 2011, 11–16.

Hoppe, Ansgar: *Die Wasserrahmenrichtlinie und historische Wasserbauten. Wege zur Erhaltung baulicher Anlagen bei Fließgewässerrenaturierungen.* Schriften zur Heimatpflege – Veröffentlichungen des Niedersächsischen Heimatbundes e. V. 20, Hannover 2012.

Kleeberg, Wilhelm: *Niedersächsische Mühlengeschichte.* 4. Auflage, Hannover 1978.

Küster, Hansjörg: *Die Elbe. Landschaft und Geschichte.* München 2007.

Küster, Hansjörg: *Geschichte der Landschaft in Mitteleuropa. Von der Eiszeit bis zur Gegenwart.* 4. Auflage, München 2010.

Küster, Hansjörg: *Hamburg, Elbe und Ewer: Die Versorgung einer Großstadt auf Wasserwegen.* In: Ortwin Pelc/Fischer, Norbert (Hrsg.): Flüsse in Norddeutschland. Zu ihrer Geschichte vom Mittelalter bis in die Gegenwart. Schriftenreihe des Landschaftsverbandes der ehemaligen Herzogtümer Bremen und Verden 41, Stade 2013 (zugl. Studien zur Wirtschafts- und Sozialgeschichte Schleswig-Holsteins 50, Neumünster 2013), 261–270.

Kupfer, Nico: *Typologisierung und denkmalpflegerische Bewertung historischer Querbauten (Wehre) in Fließgewässern am Beispiel der Ilm in Thüringen.* Diplomarbeit TU Freiberg 2011.

Länderarbeitsgemeinschaft Wasser und Abfall (LAWA): *Gewässerstrukturgütekartierung in der Bundesrepublik Deutschland. Verfahren für kleine bis mittelgroße Fließgewässer.* Schwerin 2000.

Linnemann, Hilko: *„So weiß, weißer geht's nicht": Bleiche und Bleichgraben in Holzminden – ein Kulturdenkmal.* Jahrbuch für den Landkreis Holzminden 27, 2009: 71–84.

Niedersächsischer Heimatbund (NHB): *Geplante Wasserkraftanlagen im Naturschutzgebiet „Siebertal", Landkreis Osterode am Harz.* Die Rote Mappe 2007 – ein kritischer Jahresbericht zur Situation der Heimatpflege in unserem Lande, Hannover 2007, 19–20.

Niedersächsischer Heimatbund (NHB): *Nadelwehre an der Ilmenau, Landkreis Lüneburg.* Die Rote Mappe 2015 – ein kritischer Jahresbericht zur Situation der Heimatpflege in unserem Lande, Hannover 2015, 22–23.

Niedersächsischer Landesbetrieb für Wasserwirtschaft, Küsten- und Naturschutz (NLWKN): *Leitfaden Maßnahmenplanung Oberflächengewässer. Teil A Fließgewässer-Hydromorphologie.* Wasserrahmenrichtlinie 2, Hannover 2008.

Niedersächsisches Landesamt für Ökologie (NLÖ): *Gewässerstrukturgütekartierung in Niedersachsen: Detailverfahren für kleine und mittelgroße Fließgewässer.* Hannover 2001.

Persy, Andreas: *Zweiter Bewirtschaftungsplan nach WRRL-Ergebnisse für Niederachsen.* In: Niedersächsischer Landesbetrieb für Wasserwirtschaft, Küsten- und Naturschutz (Hrsg.): Informationsdienst Gewässerkunde. Flussgebietsmanagement 1. Hannover 2015.

Rasper, Manfred: *Morphologische Fließgewässertypen in Niedersachsen: Leitbilder und Referenzgewässer.* Hannover 2001.

Schlicht, Udo: *Textilbleichen in Deutschland.* Bielefeld 2010.

Thiem, Korinna: *Die Historische Landschaftsanalyse als Methode für die Fließgewässerbewertung am Beispiel des Münstertals im Schwarzwald.* Culterra 46, Freiburg 2006.

Uhlemann, Hans-Joachim: *Schleusen und Wehre.* Oldenburg 2002.

Verband der Landesarchäologen in der Bundesrepublik Deutschland (VLA): *EU-Wasserrahmenrichtlinie und Archäologie – Umweltschutz und Schutz des kulturellen Erbes* (Faltblatt). http://www.forum-kulturlandschaft.de/kula-forum/var/www/images/wrrl-folder_vla.pdf.

Wagner, Wolfgang (o.J.): *Der Spritzenplatz in Polle.* http://www.polle-weser.de/seite/164106/der_spritzenplatz_in_polle.html.

Wiegand, Christian, in Zusammenarbeit mit dem Arbeitskreis Kulturlandschaft des Niedersächsischen Heimatbundes (Hrsg.): *Spurensuche in Niedersachsen.* 2. Auflage, Hannover 2005.

Wöbse, Hans Hermann: *Schutz historischer Kulturlandschaften.* Beiträge zur räumlichen Planung 37, Hannover 1994.

Zumbroich, Thomas/Müller, Andreas: *Bundesweites Kataster der ökologisch wirksamen, funktional differenzierten Querverbauungen der Fließgewässer: Binnengewässer.* Berlin 2005.

Flusslandschaften mit Deich: Niederelbe und Unterweser

Michael Ehrhardt und Norbert Fischer

Die Landschaft an Niederelbe und Außen- bzw. Unterweser sowie ihren Nebenflüssen ist geprägt durch die Nähe zur offenen Nordsee und der damit verbundene Tideabhängigkeit. Das Meer und seine Gezeiten (Tiden) haben über Jahrhunderte ihre historischen Spuren in der Region hinterlassen. Die Marschen beiderseits der Flüsse sind durch sie geprägt worden. An der Elbe markiert seit 1960 die Staustufe bei Geesthacht die Grenze des Gezeiteneinflusses, zuvor lag diese bei Lauenburg. An der Weser trennt das Weserwehr bei Bremen-Hemelingen die tidebeeinflusste Unterweser von der Mittelweser.

Der Deich als landschaftsprägendes Element

Zentrale landschaftsgestaltende Elemente sind die Deiche. In einem ursprünglich amphibischen, von ein- und ausströmenden Tiden geformten Raum haben sie seit dem hohen Mittelalter eine wasserbautechnische Grenze geschaffen. Aber diese Grenze ist, historisch gesehen, durchaus veränderlich: Durch Vor- und Rückdeichungen, durch Haupt- und Schlafdeiche, Sommerdeiche, Flankendeiche, Kajedeiche und Sietwenden ist über Jahrhunderte hinweg eine vielfach strukturierte Kulturlandschaft entstanden.

Vor dem Bau geschlossener Deichlinien waren die Marschen an den Ufern der Flüsse ein Inselgebiet, das durch Seitenarme, Priele und Sande gegliedert wurde. Die Gezeiten strömten weitgehend ungehindert ein und aus, die Landschaft war amphibisch und veränderte sich immer wieder. Gesiedelt wurde auf den hoch aufgeschlickten Flussrändern sowie auf Wurten, also künstlich aufgeschichteten, meist mehrere Meter hohen Erdhügeln, die einzelne Anwesen sowie auch ganze Siedlungen aufnehmen konnten. Dies ist bis heute im Landschaftsbild erkennbar: An der Niederelbe liegen beispielsweise die Ortskerne von Freiburg (Land Kehdingen) und Otterndorf (Land Hadeln) erhöht auf jeweils einer Großwurt. Jedoch blieben die nutzbaren Flächen auf diese Weise naturgemäß begrenzt. Erst der gleichzeitig der Landgewinnung und dem Schutz vor Überschwemmungen dienende, im hohen Mittelalter einsetzende Bau geschlossener Deichlinien schuf die Voraussetzung für eine intensivere, ganzjährige Besiedlung und Bewirtschaftung. Die Deiche bildeten außerdem Schauplätze von Alltag und Wirtschaft: Sie waren – vor allem in der nassen Jahreszeit – häufig die einzigen Reit- und Fußwege, und sie dienten der Viehweide und Nutzpflanzungen (was jedoch später von der Obrigkeit teilweise verboten wurde).

Wenn die Geschichte von Flüssen nicht zuletzt eine Geschichte des mehr oder weniger erfolgreichen Versuches ihrer Zähmung ist, so bildeten die Deiche das wichtigste Mittel dafür. Sie haben – zusammen mit weiteren Wasserbauwerken (Schleusen und Siele, Fleete, Stacks, Sperrwerke u. a.) – die Geschichte und landschaftliche Entwicklung der Flussmarschen an Elbe und Weser sowie ihren Nebenflüssen maßgeblich bestimmt. Im Übrigen unterband der Deich die natürliche Entwässerung des Binnenlandes in Richtung Flüsse bzw. Nordsee. Aus diesen Gründen mussten Siele bzw. Schleusen in den Deich gelegt und zu ihnen führende Entwässerungsgräben (als Fleete/Flethe, Wettern oder Wasserlösen bekannt) ausgehoben werden. Auch sie prägen bis heute das Landschaftsbild. Deiche und Deichlinien sind bis in die heutige Zeit hinein immer wieder verändert worden. Dies geschah durch Neueindeichungen und Rückdeichungen bzw. durch die Folgen von Sturmfluten. Krümmungen in den Deichlinien – bis hin zu halbkreisförmigen Ausbuchtungen – entstanden aufgrund von Umdeichungen jener „Bracks" (Wehle, Kolke, Braken), die nach Deichbrüchen als tiefe Ausstrudelungslöcher in den Boden gerissen wurden. Aber auch politische bzw. wirtschaftliche Entscheidungen spielten eine Rolle: Die nach der Sturmflut 1962 vollzogene Eindeichung des Stadersandes an der Niederelbe beispielsweise diente der Anlage eines Industriegebietes. In anderen Fällen erfolgten Rückdeichungen und Wieder-Vernässungen aus Naturschutzgründen.

Flusslandschaft mit Deich I: Niederelbe und Oste

Der Landschaftsverband Stade e. V. hat im Jahr 1999 ein Projekt gestartet, mit dem die Geschichte der Deiche an Elbe und Weser in mehreren Teilstudien untersucht wird. Beauftragt mit dem Projekt wurden die beiden Historiker Michael Ehrhardt und Norbert Fischer. Im Folgenden werden die einzelnen Teilprojekte in der geografischen Reihenfolge entlang der beiden Flüsse vorgestellt.

Michael Ehrhardt beschrieb in seinem Buch *Ein guldten Bandt des Landes – Zur Geschichte der Deiche im Alten Land* (2003) die historische Entwicklung des Deich- und Wasserbaus in der Elbmarsch zwischen Stade und Hamburg, dem Alten Land (Abb. 1). Besondere geographische Gegebenheiten, eine spezielle Siedlungsgeschichte sowie die Nähe zu den Städten Hamburg, Stade und Buxtehude haben beim Alten Land zur

Abb. 1:
Elbdeich und Elbe bei Twielenfleth im Winter (Foto: M. Ehrhardt)

spezifischen Ausprägung einer Marschengesellschaft geführt, an der sich u. a. auch die Entwicklung des Deichwesens anlehnt. Die Elbnebenflüsse Schwinge, Lühe und Este untergliedern das Alte Land in drei etwa gleich große Abschnitte, die traditionell als „Meilen" bezeichnet werden. Parallel zum Elbufer zieht sich ein bereits früh von Sachsen besiedelter Hochlandstreifen hin, auf den weiter landeinwärts das Sietland folgt. Es wurde seit dem 12. Jahrhundert von holländischen Siedlern planmäßig kolonisiert, die Techniken des Deich- und Wasserbaus einführten. Zunächst wurden einzelne Siedlungen ringsum mit Deichen umgeben, so dass das Alte Land kammerartig von Binnendeichen durchzogen war. Vom Ausgang des Spätmittelalters bis zur zweiten Hälfte des 20. Jahrhunderts war jede Meile ringsum mit Deichen umgeben. Organisiert wurde der Deichbau in drei genossenschaftlichen Meildeichverbänden, die allerdings nur als eine Art Kontrollbehörde fungierten. Eigentliches Organisationprinzip des Altländer Deichbaus war die individuelle „Kabeldeichung", d. h. jeder landbesitzende Bauer im Alten Land war Eigentümer bestimmter Deichabschnitte, die er selbst unterhalten musste. Eine Folge dieses Prinzips waren uneinheitliche Profile der Elb-, Schwinge-, Lühe-, Este- und Hinterdeiche. Erst nach der Februarflut von 1962 wurden im Alten Land einheitliche Deichverbände nach dem Prinzip der Kommunionsdeichung eingerichtet.

Die elbabwärts gelegene Kehdinger Elbmarsch wurde von Norbert Fischer unter dem Titel *Wassersnot und Marschengesellschaft – Zur Geschichte der Deiche in Kehdingen* (2003) behandelt. Im Mittelpunkt des Forschungsinteresses steht die soziale und technische Organisation des Deichwesens im Zusammenhang mit der regionalen Gesellschaft Kehdingens. Immer wieder ist dabei das Verhältnis zwischen staatlicher Obrigkeit und der vor Ort über Jahrhunderte tradierten Selbstverwaltung zu thematisieren. Zu fragen ist insbesondere nach dem Konfliktpotential zwischen einem selbstbewussten, auf die eigene Unabhängigkeit pochenden Marschenbauerntum einerseits und dem im Verlauf der Neuzeit immer rigoroser nach allgemeiner Normierung der Verhältnisse drängenden Staat andererseits. Dabei spielt das unterschiedliche Verständnis von Tradition und Modernität eine wichtige Rolle – wie zu zeigen ist, erweist sich der Deich hier geradezu als Gradmesser.

In Kehdingen unterlag das Deichwesen insbesondere in der Zeit vom späten 17. bis zur Mitte des 19. Jahrhunderts – meist resultierend aus folgenreichen Sturmflutkatastrophen, wie 1717 und 1825 – grundlegenden Veränderungen. Unabweisbar eng verknüpft ist die Geschichte des Deichwesens darüber hinaus mit der Entwicklung der Agrarwirtschaft in den Marschen – noch die Errichtung der kostspieligen Nordkehdinger Sommerdeiche im 19. Jahrhundert wäre nicht denkbar gewesen ohne jene ökonomische Rentabilität, welche die intensivere landwirtschaftliche Nutzung der bisherigen Außendeichsflächen erwarten ließ. Nicht zuletzt bildeten die Deiche einen Schauplatz alltäglichen Lebens: Sie waren wichtige Reit- und Fußwege, dienten der Viehweide und Nutzpflanzungen sowie der Errichtung von Bauten.

Ein weiteres Teilprojekt widmete sich unter dem Titel *Der wilde und der gezähmte Fluss* (Buchpublikation Norbert Fischer, 2011) der Oste, dem längsten niedersächsischen Nebenfluss der Elbe (Abb. 2).

Bis weit ins 19. Jahrhundert hinein war die Oste die bedeutendste Verkehrsader im Elbe-Weser-Raum. Sie bildete – sofern kein Eis den Weg versperrte – einen zuverlässigeren Transportweg als die in den nassen Herbst- und Wintermonaten häufig nicht passierbaren Landverbindungen. An der Oste entstanden die Hauptdeichlinien zu unterschiedlichen Zeiten: Das auf einer Großwurt liegende Neuhaus beispielsweise wurde erst im späten 15. Jahrhundert

Abb. 2:
Tide-Oste mit Schlickflächen und Ostedeich bei Neuhaus (Foto: N. Fischer)

eingedeicht. Am anderen Ende erhielt die Tide-Oste unterhalb von Bremervörde sogar erst im frühen 20. Jahrhundert eine durchgehende, winterfeste Deichlinie. Bis zur Inbetriebnahme des Oste-Sperrwerks Ende der 1960er-Jahre konnten die Sturmfluten ungehindert in die Tide-Oste eindringen. Das heißt: Die Bewohner, das Vieh, die Immobilien und die anderen materiellen Güter sowie die Feldfrüchte waren immer wieder von Deichbrüchen und Überschwemmungen bedroht. Bei der katastrophalen Februarflut 1825 gab es an der Oste viele schwere Grundbrüche. Anschließend wurden – wie überall im Hannoverschen – auf staatliche Initiative und unter Leitung des Oberdeichgräfen Friedrich August Rudolph Niemeyer die Deiche systematisch verstärkt und erhöht. Niemeyer verschaffte sich mit seinem Engagement viel Ruhm, er zählte zu den bedeutenden norddeutschen Wasserbauingenieuren seiner Zeit. Die nächste Zäsur bildete dann die Sturmflutkatastrophe vom 16./17. Februar 1962, die vor allem auf dem linksseitigen Ufer zu schweren Schäden führte. Anschließend mussten die Deichprofile den veränderten Gegebenheiten angepasst werden.

Aber die Oste und ihre Fluten waren nicht nur bedrohlich, sondern wurden auch als Quelle des Wohlstandes betrachtet. Das Wasser wurde geschickt reguliert durch Flethe und Kanäle, durch Schotten und strömungsberuhigende Stackwerke. Die Vertrautheit der Landbesitzer mit den Fluten war so groß, dass die Flussdeiche stellenweise aufgegraben und damit geöffnet wurden, um das Wasser im Winter zur Aufschlickung und natürlichen Düngung der Äcker einzulassen. Im Frühjahr wurden die Deiche dann wieder zugegraben. Mitte des 19. Jahrhunderts bauten die Landbesitzer technische Einlässe in die Ostedeiche, um das kosten- und arbeitsaufwändige Aufgraben zu vermeiden – unter anderem bei Laumühlen, Kranenburg und Blumenthal. So wurde das Wasser an der tideabhängigen Oste als eine Ressource betrachtet, die man mit Hilfe von allerlei technischen Einrichtungen nutzen konnte.

Grundlage für den wirtschaftlichen Wohlstand in den Marschen des Landes Hadeln war der im hohen Mittelalter errichtete „Seebandsdeich", der bis in hamburgisch-ritzebüttelsches, also heutiges Cuxhavener Territorium, hineinreichte (Abb. 3; Norbert Fischer: *Im Antlitz der Nordsee – Zur Geschichte der Deiche in Hadeln*, 2007).

Die Zähmung der „Wilden See Waßer", wie die Menschen am Meer die Sturmfluten einst nannten, war für Hadelns Geschichte von existentieller Bedeutung. Das zeigt schon die exponierte Lage des Landes: Hadeln liegt am breiten Mündungstrichter der Elbe und ist – im Gegensatz zu den elbaufwärts gelegenen Marschenländern wie Kehdingen und Altes Land – der offenen See zugewandt. Die Unterhaltung des Seebandsdeiches wurde nach einem ausgeklügelten System durchgeführt und gemeinsam getragen von den Hadler Kirchspielen in Kooperation mit dem Amt Ritzebüttel und dessen Kirchspiel Groden. Bis ins 19. Jahrhundert hinein hat das Land Hadeln seine Deiche, Schleusen und Uferschutzwerke selbständig und weitgehend ohne staatliche Aufsicht verwaltet. In Hadeln entstanden die ersten gemauerten massiven Schleusen in den 1850er- und 1860er-Jahren, und zwar in Altenbruch und

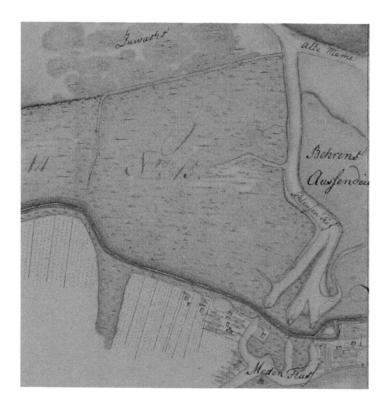

Abb. 3:
Hadelner Elbdeich (sogenannter Seebandsdeich) mit Mündung der Medem und den drei Medem-Schleusen sowie Außendeichsflächen bei Otterndorf auf einer Karte aus dem Jahr 1796 (Quelle: Niedersächsisches Staatsarchiv/Standort Stade, Kartenabteilung, KA neu 11369)

Otterndorf. An der Mündung der Medem bei Otterndorf wurden die technisch veralteten drei kleinen Holzschleusen 1865 durch eine einzige, gemauerte Großschleuse ersetzt.

Kurz vor dem Abschluss steht der Band *Sturmfluten und Stackwerke – Zur Geschichte der Deiche in Cuxhaven* (Norbert Fischer, erscheint voraussichtlich Ende 2015). Hier wird das ehemals (bis 1937) hamburgische Amt Ritzebüttel behandelt, der heutige Name der Stadt Cuxhaven betraf ursprünglich nur die Gegend um den Hafen. Ein Schwerpunkt liegt auf der Eindeichung von 1618 – einem der großen Deichbauprojekte an der deutschen Nordseeküste. Mit dem Niederländer Johann Claussen Rollwagen war einer der bedeutendsten seinerzeitigen Deichbauunternehmer beteiligt. Die Eindeichung wurde auf Initiative der Stadt Hamburg – nicht zuletzt aufgrund des Wunsches nach einem Winter- und Nothafen für in die Elbe einlaufende Schiffe – mit privatem Kapital forciert und durchgesetzt. Dieses Projekt führte zur Anlage von einem der ersten außendeichs gelegenen Sielhäfen an der deutschen Nordseeküste: dem heutigen Cuxhaven. Deutlich wird auch, dass der Küsten- und Uferschutz (vor allem Stackwerksbau) in Ritzebüttel/Cuxhaven im späten 18. Jahrhundert überregionale Bedeutung hatte. Dies kann anhand des Wasserbauingenieurs Reinhart Woltman personifiziert werden. Er zählte um 1800 und danach zu den international führenden Experten auf seinem Gebiet und legte auch Pläne für die erste systematische Elbvertiefung vor, die dann 1818 bis 1826 durchgeführt wurde.

Flusslandschaft mit Deich II: Außen- und Unterweser

Das zwischen den Städten Bremerhaven und Cuxhaven gelegene Land Wursten mit seinem Hauptort Dorum ist als geschlossenes Marschgebiet der offenen Nordsee zugewandt. Aus dieser exponierten Lage haben sich in der Vergangenheit besondere wasserbautechnische Herausforderungen ergeben, welche die Bewohner der maritimen Landschaft bewältigen mussten, um dort leben und überleben zu können. Ihre Geschichte wird in dem Werk *„Dem großen Wasser allezeit entgegen" – Zur Geschichte der Deiche in Wursten* (Michael Ehrhardt, 2007) nachgezeichnet (Abb. 4).

Kennzeichnendes Siedlungsmerkmal der friesisch besiedelten und im Gegensatz zu allen anderen Marschen des Elbe-Weser-Dreiecks nicht planmäßig holländisch kolonisierten Wurster Marsch waren die namensgebenden Wurten. Im Laufe des

Abb. 4:
Blick auf die Wurster Marsch. Es folgen aufeinander: Die Nordsee – das mit einem Deckwerk gesicherte Ufer – das im Winter von Überflutung bedrohte Außendeichsland – der Wurster Seedeich – die Wurster Marsch mit dem Kirchturm von Cappel. Im Hintergrund die Geestberge (Foto: M. Ehrhardt)

Hochmittelalters wurden die noch heute im Gelände auszumachenden küstenparallelen Deichlinien vorverlegt. Das auch hier herrschende Prinzip der Kabeldeichung wurde bereits in der ersten Hälfte des 17. Jahrhunderts von einer Kommunionsdeichung auf Kirchspielsebene abgelöst. Das Land Wursten nahm damit im Deichwesen eine Vorreiterrolle ein. Von 1661 bis 1695 bestand sogar eine Kommunionsdeichung auf Landesebene, die aber an der Uneinigkeit der Wurster Deichinteressenten scheiterte. Im Jahre 1619 wurde der Wurster Seedeich bei der Eindeichung des Neuen Landes Wursten auf einer Länge von knapp 16 Kilometern innerhalb kurzer Zeit völlig neu errichtet. Dieses frühneuzeitliche Projekt überstieg allerdings die physischen Kräfte und finanziellen Mittel der Bauern. Nach Sturmflutzerstörungen engagierten sie drei professionelle Deichbauunternehmer aus Emden, die nach der erfolgreichen Bauausführung weite Teile der Ländereien im Neuen Land Wursten übernehmen konnten, da die Wurster Interessenten nicht in der Lage waren, ihre Schulden zu begleichen. In Spieka-Neufeld begründete der Bauunternehmer Johann Berend Bulder eine Adelsherrschaft, die zur Keimzelle des Amtes Nordholz werden sollte, das nicht nur im Deichwesen, sondern auch politisch jahrhundertelang einen Sonderweg ging.

An der Wende zum 18. Jahrhundert wirkte Eibe Siade Johans aus Padingbüttel (1659–1720) so erfolgreich als Deichbautechniker im Land Wursten, dass ihn die kurhannoversche Regierung 1717 zum Oberdeichgräfen berief. In dieser Funktion betreute Johans den Wiederaufbau der von der Weihnachtsflut 1717 im ganzen Elbe-Weser-Distrikt zerstörten Deiche. Die Wurster Deichverfassung mit der frühzeitigen Ablösung der Individualdeichung sowie die praktischen Kenntnisse der Küstenbewohner erwiesen sich als Erfolgsmodell: Seit 1849 wurden die Nordseedeiche des Landes Wursten von keinem schwerwiegenden Grundbruch mehr betroffen.

Leitthema der Publikation *„Des Landes Ufer zu schützen"* – Zur Geschichte der Deiche an der Unterweser (Michael Ehrhardt, 2015) ist die geographische, soziale und politische Vielfalt des Unterweserraumes zwischen Bremerhaven und Bremen, die auch in der Geschichte des Deichwesens ihren Ausdruck findet (Abb. 5).

Es handelt sich nicht um einzelne abgeschlossene Kulturlandschaften, sondern um kleine Landesgemeinden und kleinste Bauerschaften, die eigene Deichverbände bildeten und verschiedenen Gerichten, Ämtern und sogar verschiedenen Staaten und unterschiedlichen Verwaltungsapparaten zuzuordnen sind. Das führte in den meisten Fällen zu Kompetenzüberschneidungen und -unklarheiten bei den einzelnen Behörden, ein gravierender Schwachpunkt in der Administration, der die Durchführung wichtiger Wasserbauprojekte verzögerte und den die Marschbewohner vor Ort für sich auszunutzen wussten.

In Bremerhaven und Bremen findet der Aspekt der Weserdeiche im städtischen Umfeld große Bedeutung. Die Gründung Bremerhavens 1827 hat auch in deichbaulicher Hinsicht das Antlitz der eher ländlichen Vorgängersiedlungen Lehe, Geestendorf und Wulsdorf grundlegend verändert.

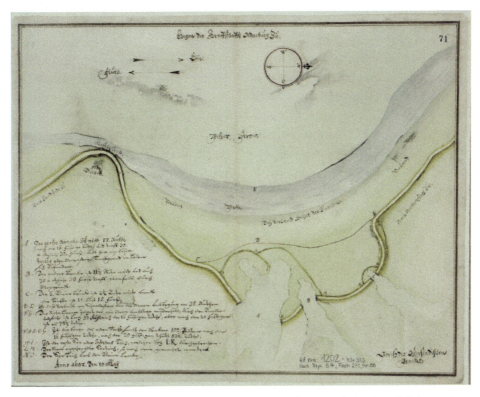

Abb. 5: Kartenskizze der Sandstedter Brake vom 10. Mai 1687 mit entstandenen Grundbrüchen und der damaligen, gewundenen Trasse des Osterstader Weserdeiches (Quelle Original: Niedersächsisches Landesarchiv, Standort Stade, Kartenabteilung, KA neu 1202)

Im Zuge des Hafenausbaus wurden Deichtrassen dank moderner technischer Mittel in kurzen Zeitabständen immer wieder verlegt. Hafenanlagen haben in den urbanen Siedlungen Bremerhavens und Bremens die Funktion von Deichen übernommen.

Die Zugehörigkeit des kleinen Marschlandes Würden zum Staat Oldenburg führte zu einem Dualismus zwischen den staatlichen Deichbauverwaltungen in Oldenburg und Stade, der sich wie ein roter Faden durch die Jahrhunderte fast bis in die Gegenwart zieht. Das Marschland Osterstade war in eine Vielzahl von eigenständigen Deichgenossenschaften auf Dorfschaftsebene untergliedert, in denen bis zum Ende des 19. Jahrhunderts die Individualdeichung praktiziert wurde. Die Interessen der politisch selbstbewussten Großgrundbesitzer („Osterstader Junker") prallten hier auf die Ansprüche der Landesherrschaft, die versuchte, in der von der Regierungszentrale Stade weit entlegenen Marsch ihre Vorstellungen durchzusetzen.

Im Gebiet der Stadt Bremen schlossen sich schon im Spätmittelalter unter Lenkung der Stadtrepublik einzelne Deich- und Sielverbände zu großen Genossenschaften zusammen und organisierten den Deichbau am rechten Weserufer.

Seinen Abschluss soll das Projekt mit dem Teilbereich „Zur Geschichte der Deiche an Mittelweser, Wümme und Aller" (Michael Ehrhardt) finden. Die zur Marsch zu zählende flussnahe Zone an Mittelweser, Wümme und Aller bildet zwar keine geschlossene Kulturlandschaft, doch finden sich hier gleiche geographisch-landschaftliche Bedingungen, die sich grundlegend von denjenigen in den Marschen an Nordsee, Niederelbe und Unterweser unterscheiden. Hier sollen die Deiche und Dämme nicht in erster Linie gegen die Gefahren aus Richtung Küste, also vor den Sturmfluten schützen. Die wesentliche Herausforderung für die Bewohner dieser eher küstenfernen Gebiete bildete das vom Oberlauf der Flüsse und der Geest in die Marsch einströmende Regen- und Schmelzwasser. Auch in diesem Bereich spielt die politisch-soziokulturelle Vielfalt der Regionen eine beträchtliche Rolle.

Literatur

Ehrhardt, Michael: „Ein guldten Bandt des Landes" – Zur Geschichte der Deiche im Alten Land. Stade 2003.

Ehrhardt, Michael: „Dem großen Wasser allezeit entgegen" – Zur Geschichte der Deiche in Wursten. Stade 2007.

Ehrhardt, Michael: „Des Landes Ufer zu schützen" – Zur Geschichte der Deiche an der Unterweser. Stade 2015.

Fischer, Norbert: Wassersnot und Marschengesellschaft – Zur Geschichte der Deiche in Kehdingen. Stade 2003.

Fischer, Norbert: Im Antlitz der Nordsee – Zur Geschichte der Deiche in Hadeln. Stade 2007.

Fischer, Norbert: Der wilde und der gezähmte Fluss – Zur Geschichte der Deiche an der Oste. Stade 2011.

Fischer, Norbert: Sturmfluten und Stackwerke – Zur Geschichte der Deiche in Cuxhaven. Stade, in Vorbereitung.

Wanderungsbewegungen aus dem Ausland nach Niedersachsen 2013

Tanja und Lothar Eichhorn

Die Karte (Abb. 1) und das dazugehörige Säulendiagramm (Abb. 2) stellen die Zuwanderung des Jahres 2013 aus dem Ausland nach Niedersachsen dar, geordnet nach Landkreisen (LK) und kreisfreien Städte. Die Region Hannover wurde dabei in die Stadt Hannover und ihr Umland aufgegliedert. Die Karte stellt die Zahl der Zuwanderer aus dem Ausland bezogen auf je 1000 Einwohner des betreffenden Gebiets dar. Die thematische Karte wird ergänzt durch das Säulendiagramm, das – nach Größe geordnet – den Zuwanderungssaldo der Kreise 2013 mit denjenigen süd- und osteuropäischen Staaten darstellt, mit denen Niedersachsen 2013 die höchsten Wanderungsüberschüsse erzielte.

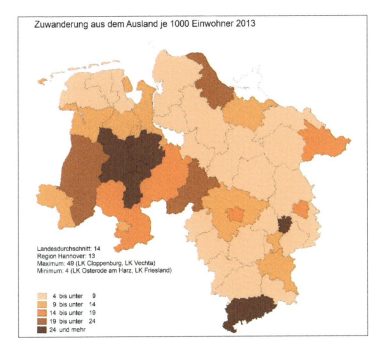

Abb. 1: Zuwanderung aus dem Ausland je 1000 Einwohner in niedersächsische Landkreise 2013 (Quelle: Landesamt für Statistik Niedersachsen)

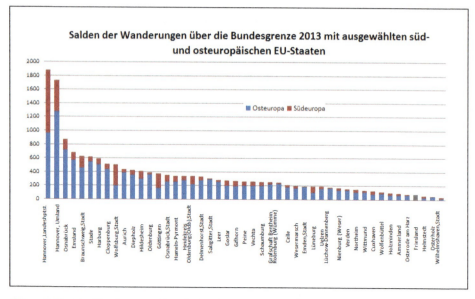

Abb. 2: Salden der Wanderungen über die Bundesgrenze 2013 mit ausgewählten süd- und osteuropäischen Staaten (Quelle: Landesamt für Statistik Niedersachsen)

Methode und Begriffe

Datengrundlage ist die amtliche Wanderungsstatistik, die auf den Angaben der Meldebehörden basiert, und hier im Speziellen der Zuzug über die Bundesgrenzen nach Niedersachsen. Zu unterscheiden ist die Höhe der Zuwanderung von der des Zuwanderungssaldos. Der Wanderungssaldo – die Differenz zwischen der Zu- und Abwanderung – ist ein Maß für die Nettozuwanderung. Diese Differenzierung ist regional und integrationspolitisch von hoher Bedeutung, weil einige der Zuwandernden nicht dauerhaft bleiben, sondern z. B. als landwirtschaftliche oder industrielle Saisonkräfte im Frühjahr zu- und im Herbst wieder fortziehen.

Ein Zuwanderer, z. B. aus Polen, muss nicht unbedingt eine Polin oder ein Pole sein; sie bzw. er kann auch die deutsche oder irgendeine andere Staatsangehörigkeit haben. Bei der Mehrzahl der Zuwandernden sind aber Herkunftsland und Staatsangehörigkeit gleich.[1] Eine Ausländerin oder ein Ausländer kann auch aus einem anderen Bundesland zu- oder in ein solches fortziehen. Schließlich ist zu berücksichtigen, dass es zentrale Landesaufnahmebehörden gibt, in denen z. B. Asylbewerber zunächst zentral eintreffen, um dann über die Regionen verteilt zu werden. Die wichtigste dieser Einrichtungen ist das Grenzdurchgangslager Friedland im Landkreis Göttingen. Hier kommen z. B. syrische Bürgerkriegsflüchtlinge an; ihre Weiterverteilung in die Regionen des Landes ist kein Fortzug über die Grenzen des Bundesgebiets, sondern eine innerniedersächsische Wanderung. Der Saldo des Wanderungssaldos des Landkreises Göttingen mit Syrien ist daher extrem hoch, obwohl die Mehrheit der Zuziehenden aus Syrien nach der Zwischenstation Friedland in anderen Kreisen lebt. Um eine möglichst hohe Aussagekraft zu erzielen, wird daher in dem Balkendiagramm nicht der regional verzerrte Gesamtsaldo dargestellt, sondern nur der – in diesen Fällen immer positive – Saldo mit den wichtigsten süd- und osteuropäischen Herkunftsländern der EU.[2] Unter Südeuropa wird die Summe des Zuwanderungssaldos aus Griechenland, Italien und Spanien verstanden, unter Osteuropa werden Bulgarien, Polen, Rumänien und Ungarn subsumiert.[3]

Ergebnisse für das Land

2013 kamen insgesamt 110 921 Menschen aus dem Ausland nach Niedersachsen; davon hatten 100 505 eine ausländische und 10 416 die deutsche Staatsangehörigkeit. Im Saldo gewann das Land durch Zuwanderung aus dem Ausland 34 935 Menschen hinzu; von diesen hatten 33 839 eine ausländische und 1096 die deutsche Staatsangehörigkeit. Das wichtigste Herkunftsland war mit 32 617 Personen Polen, gefolgt von Rumänien (12 979), Ungarn (4419), Bulgarien (4341) und Russland (4019). Zugleich gab es 75 986 Fortzüge ins Ausland. Hohe Fortzugszahlen wurden vor allem in die osteuropäischen Länder Polen, Rumänien, Ungarn und Bulgarien registriert. Nach Rumänien zogen z. B. 11 001 Menschen fort, so dass von der Zuwanderung von 12 979 Rumänen im Saldo nur 1978 übrig blieben. Zahlreiche Erwerbstätige dieser Länder waren als Saisonarbeitskräfte vor allem im westlichen Niedersachsen tätig. Andererseits gab es Länder, in die es trotz relativ hoher Zuwanderung kaum Abwanderung gab. Zuallererst ist hier Syrien zu nennen: Aus diesem Land kamen, zumeist als Bürgerkriegsflüchtlinge,[4] 2508 Menschen, und nur 134 zogen dorthin.

Im Saldo hatte Niedersachsen 2013 eine positive Wanderungsbilanz mit vierstelligen Zahlen mit Polen (+ 7980), Russland (+ 2915), Syrien (+ 2374), Rumänien (+ 1978), Italien (+ 1581), Spanien (+ 1562), Bulgarien (+ 1385), Griechenland (+ 1066) und Ungarn (+ 1000). Vor allem mit der Türkei (- 332) und der Schweiz (- 357) gab es eine negative Wanderungsbilanz. Im Ranking des Saldos erkennt man auf einen Blick die hauptsächlichen Zuwanderungsmotive: Es handelte sich 2013 zuallererst um Arbeitsmigration aus Süd- und Osteuropa; hier dringend benötigte Fachkräfte zogen ins Land. Die Gruppe der Flüchtlinge, vor allem aus Syrien, aber auch z. B. aus Afghanistan und Somalia, war vergleichsweise deutlich kleiner.

Regionale Strukturen der Zuwanderung

Landesweit kamen 2013 14 Zuzüge auf je 1000 Einwohner.[5] Spitzenwerte von 49 traten in den Landkreisen Cloppenburg und Vechta auf. Auch die dem Oldenburger Münsterland benachbarten Kreise Diepholz (18), Emsland (19), Nienburg (23) und Oldenburg (42) liegen weit über dem Durchschnitt. Wie oben erwähnt, gehen die hohen Zahlen im Westen auf die WanderarbeiterInnen zurück, die oft im Laufe eines Jahres zu- und wieder fortziehen. Eine große Bruttozuwanderung erlebten auch die Arbeitsplatzzentren Wolfsburg (18), die Landeshauptstadt Hannover (17) sowie der Landkreis Stade (19) im Hamburger Umland. Umgekehrt gab es in einigen dünn besiedelten, eher ländlichen Kreisen eine nur sehr geringe Bruttozuwanderung, so vor allem in den Landkreisen Osterode und Friesland (je 4), Holzminden, Northeim, Osterholz-Scharmbeck und Peine (je 5) sowie Gifhorn, Uelzen, Verden und Wolfenbüttel (je 6). Eine unterdurchschnittliche Zuwanderung erlebten auch die kreisfreien Städte Oldenburg (9), Salzgitter (10), Delmenhorst und Osnabrück (je 12) sowie Emden (13).

Auf den ersten Blick macht das gestapelte Säulendiagramm deutlich, dass – in absoluten Zahlen – die Region Hannover den bei weitem höchsten Positiv-Saldo erzielt. Eine Dominanz Westniedersachsens wie bei den Zuzügen ist nicht mehr erkennbar. Mit weitem Abstand folgen nach der Region Hannover die Landkreise Osnabrück und Emsland, die Stadt Braunschweig sowie zwei Landkreise des Hamburger Umlands. Umgekehrt konnten wirtschaftlich recht schwache Landkreise und kreisfreie Städte, die kein gutes Arbeitsplatzangebot aufwiesen, auch 2013 nur schwache Nettozuwanderungen aus Süd- und Osteuropa verzeichnen.

Es lässt sich mit Korrelationsberechnungen nachweisen, dass der Zusammenhang zwischen der regionalen Arbeitslosigkeit und der Nettozuwanderung allenfalls schwach bis nicht vorhanden ist. Viele der Zuwanderer sind hochqualifiziert,[6] und deren Wohnortwahl richtet sich mehr nach dem vorhandenen Angebot an Arbeitsplätzen. Das gilt, wenn man die Wanderungsströme nach Herkunftsländern differenziert betrachtet, besonders für die Zuwanderer aus Spanien, Griechenland, Italien und Polen. Eine wichtige Rolle bei der Wohnortwahl spielt offenbar auch das Vorhandensein von Netzwerken aus dem Heimatland: Man zieht dorthin, wo es schon einige Menschen aus dem Heimatland gibt, weil man dann schon Kontakte, Anlaufpunkte, vielleicht auch Dolmetscher vorfindet. Diese Aussage gilt besonders für Zuwanderer aus Griechenland, aber leicht abgeschwächt auch für alle anderen Zuwanderergruppen aus Süd- und Osteuropa. Zusammengefasst: Die Zuwanderer gehen dahin, wo es Jobs gibt und wo sie Menschen aus ihrer alten Heimat finden.

Anmerkungen

1 Die große Ausnahme stellen deutschstämmige Zuwanderer vor allem aus Russland und den ehemaligen sowjetischen Teilrepubliken dar.
2 Verzerrungen treten neben Syrien auch bei den Zuwanderungen aus Russland auf. Hier grafisch kaum darstellbar ist der Wanderungssaldo mit der Türkei, da dieser in vielen Fällen negativ ist. Im Landkreis Friesland tritt ein negativer Wanderungssaldo mit Südeuropa von -1 auf, so dass für diesen Kreis nur die Summe aus Süd- und Osteuropa dargestellt ist.
3 Nähere Informationen können der Regionaldatenbank LSN-Online (www.statistik.niedersachsen.de) entnommen werden. Eine zusammenfassende Exceldatei kann bei den Verfassern angefordert werden.
4 Die Wanderungsstatistik erfasst keine Gründe der Zu- oder Abwanderung; diese muss man aus anderen Quellen erschließen. Wichtige Gründe für die Zuwanderung sind einerseits relativ hohe Verdienste und eine niedrige Arbeitslosigkeit in Deutschland bzw. Niedersachsen, andererseits der gesuchte Schutz vor Krieg, Verfolgung und Vertreibung. Weitere Gründe sind z. B. die Aufnahme oder Beendigung eines Studiums sowie persönliche Motive.
5 Die Werte der drei Kreise mit Standorten der Landesaufnahmebehörde sind durch diese überhöht und mit den anderen Regionen nicht vergleichbar. Dies gilt für den Landkreis Göttingen (40) wegen Friedland und die Stadt Braunschweig (31) sowie in geringerem Maße auch für den Landkreis Osnabrück (17) wegen Bramsche.
6 Vgl. Migration und Teilhabe in Niedersachsen. Integrationsmonitoring 2014, besonders S. 157–182.

Auswirkungen des demographischen Wandels auf die Wohnungsmärkte in Niedersachsen

Fabian Böttcher und Nina Heinecke

Infolge des demographischen Wandels wird sich die Zusammensetzung von Haushalten in Niedersachsen in den kommenden 20 Jahren stark verändern. Dementsprechend wandeln sich auch die Wohnraumbedarfe, und auf dem Wohnungsmarkt kommt es zu Nachfrageverschiebungen. Vor allem die Zahl der kleinen Seniorenhaushalte wird stark steigen und den Bedarf an barrierearmen Wohnungen weiter wachsen lassen. Gleichzeitig ist eine steigende Zahl von Kommunen mit Wohnungsüberhängen konfrontiert. An diesen Standorten stehen besonders ältere Eigenheimbesitzer vor beträchtlichen Herausforderungen, wenn sie ihre zu groß gewordene Immobilie veräußern und in kleinere zentrale Wohnungen ziehen möchten.

Einleitung

Der demographische Wandel führt nicht nur zu einem Rückgang der Einwohnerzahl, sondern vor allem zu einer zunehmenden Alterung der Gesellschaft. Gerade diese Veränderung der Altersstruktur wird zukünftig in Deutschland – und besonders im stark von Eigenheimen geprägten Niedersachsen – weitreichende Folgen für die Nachfrage am Wohnungsmarkt haben, weil verschiedene Lebensphasen mit spezifischen Wohnwünschen und entsprechenden Wohnraumbedarfen einhergehen. Aufgrund unterschiedlich stark besetzter Altersjahrgänge schwanken auch die jeweiligen Wohnraumbedarfe über die Zeit. Mit dem Eintreten der Geburtenjahrgänge der 1960er-Jahre („Baby-Boomer") ins Rentenalter wechselt eine außergewöhnlich stark besetzte Altersgruppe in eine neue Lebensphase, was erhebliche nachfrageseitige Veränderungen für die Wohnungsmärkte mit sich bringt.

Auch die räumliche Verteilung der Wohnraumnachfrage weist ein spezifisches Muster auf und befindet sich im Wandel: Das Interesse an urbanen Wohnstandorten steigt in den letzten Jahren spürbar an. Dabei tragen günstige Ausbildungs- und Beschäftigungsmöglichkeiten ebenso zur zunehmenden Attraktivität des (inner)städtischen Wohnens bei wie die gut ausgebaute Infrastruktur (z. B. Verkehr, Ärzte, Schulen etc.) und ein entsprechendes kulturelles und soziales Angebot. Insbesondere die zuletzt genannten Punkte machen Städte für Personen im Ruhestand (wieder) attraktiv, weil mit zunehmendem Alter – und damit meist einhergehenden Mobilitätseinschränkungen – oft eine zentralere Wohnlage mit kurzen Wegen gefragt ist.

Ziel dieses Beitrages ist, die Auswirkungen der veränderten Altersstruktur auf den Wohnungsmarkt in Niedersachsen anhand aktueller Prognosen bis zum Jahr 2035 darzustellen.[1] Hierfür werden zunächst die wesentlichen theoretischen Grundlagen und Zusammenhänge kurz erläutert. Im Anschluss wird mithilfe einer Haushalts- und Wohnungsbedarfsprognose die zukünftige Veränderung der Altersstruktur von Haushaltsmitgliedern nach fünf Haushaltsgrößenklassen und die daraus resultierenden Bedarfe nach Ein- und Zweifamilienhäusern sowie nach Wohnungen in Mehrfamilienhäusern beschrieben. Abschließend werden die sich aus der veränderten Nachfrage ergebenden Herausforderungen für die niedersächsischen Wohnungsmärkte benannt.

Theoretische Grundlagen

In unterschiedlichen Lebensphasen variieren die individuellen Wohnwünsche und -bedürfnisse deutlich. Dabei lassen sich folgende wohnungsmarktrelevante Lebensphasen unterscheiden:

- Beim Umzug junger Erwachsener aus dem Elternhaus in die erste eigene Wohnung spielen meist begrenzte finanzielle Ressourcen (v. a. bei Studierenden und Auszubildenden) eine entscheidende Rolle für die Wohnungswahl. Es werden kleine, preiswerte Wohnungen nachgefragt. Gewünscht sind oft eine gute technische Ausstattung und eine zentrale Lage. Da die Lebenssituation noch wenig gefestigt ist, sind Wohnungswechsel relativ häufig und der Eigentumsanteil entsprechend niedrig.
- Mit zunehmender beruflicher und privater Stabilität sowie höheren Einkommen steigen die Ansprüche an die Qualität der Wohnung. Gerade mit der Familiengründung (und damit der Vergrößerung des Haushalts) treten neue Wohnqualitäten in den Vordergrund, wie z. B. ein sicheres Wohnumfeld und Nutzungsmöglichkeiten im Außenbereich (insbesondere Gärten). Zudem wird in der Regel eine größere Wohnung mit ausreichend Kinderzimmern benötigt. Im Alter zwischen 30 und 49 Jahren liegt die bedeutendste Phase für die Bildung von Wohneigentum.
- An eine vergleichsweise stabile Phase schließt sich eine Haushaltsverkleinerung an, wenn die Kinder den elterlichen

Haushalt verlassen. Damit ist die Wohnung (ggf. als vorhandenes Eigentum) oft bereits zu groß für die verbleibenden Haushaltsmitglieder, wird aber in aller Regel zunächst noch weiter genutzt.
- Mit der fortschreitenden Alterung der Haushaltsmitglieder und zunehmenden Einschränkungen der körperlichen Verfassung wird die Pflege einer großen Wohnung bzw. eines Hauses mit Garten vielfach zu aufwendig. Zudem entspricht die auf das Familienleben ausgerichtete Wohnsituation in vielen Fällen nicht den Bedürfnissen von Senioren – z. B. hinsichtlich einer fehlenden Barrierefreiheit bei Mobilitätseinschränkungen oder hinsichtlich der Lage.

Entsprechend wirken sich demographisch bedingte Veränderungen der Altersstruktur auch auf die nachgefragten Lagen, Qualitäten und Wohnflächen am Wohnungsmarkt aus. Dies wird auch als Lebenszykluseffekt bezeichnet.

Allerdings führt der Übergang in eine neue Lebensphase nicht zwangsläufig zu einem Wohnungswechsel. Vielmehr tritt, z. B. durch die emotionale Bindung an das angestammte Wohnumfeld, eine Verzögerung auf. Darüber hinaus wirkt vor allem in angespannten Wohnungsmärkten die aufwendige und längere Wohnungssuche hemmend auf eine lebensphasenbedingte Umzugsentscheidung. Außerdem sind Umzüge mühsam und teuer. Bei Eigenheimbesitzern kommt zudem erschwerend hinzu, dass häufig erst die vorhandene Immobilie verkauft werden muss, um über die entsprechenden Finanzmittel für ein neues Objekt zu verfügen. Daher sind in Regionen mit ungünstigen Vermarktungschancen (ältere) Eigenheimbesitzer tendenziell stärker an den Verbleib in ihrer Immobilie gebunden. In der Stadtplanung wird dieser Umstand als Remanenzeffekt beschrieben (vgl. Just 2013, 71).

Die Motive für einen Umzug sind je nach Lebensphase unterschiedlich und sehr individuell. In der Regel gibt es nicht nur einen Faktor, der für einen Umzug ausschlaggebend ist, sondern ein ganzes Bündel von Einflussfaktoren (vgl. Flöthmann 2005, 1269). Starke Treiber, die die Entscheidung für einen lebensphasenbedingten Wohnungswechsel begünstigen, sind bei jungen Menschen z. B. ein ausbildungs- oder berufsbedingter Wohnortwechsel, bei jungen Familien die Geburt eines (weiteren) Kindes sowie bei älteren Menschen die neu hinzutretende Pflegebedürftigkeit (z. B. nach einem Sturz) oder langsam fortschreitende Einschränkung der Selbstständigkeit bzw. Mobilität.

Beim Blick auf erwartete zukünftige Entwicklungen muss zudem berücksichtigt werden, dass sich das beobachtete Verhalten heutiger Altersgruppen nicht zwangsläufig auf kommende Kohorten übertragen lässt (Kohorteneffekt). Nicht nur das individuelle Lebensalter, sondern vor allem auch das sozioökonomische Umfeld, in dem Menschen leben und geprägt werden, beeinflusst die jeweiligen Wohnwünsche. So können zukünftige Generationen sich vermutlich flexibler und leichter auf technische Neuerungen und Innovationen einstellen, die z. B. in Form von Assistenzsystemen einen längeren Verbleib in der eigenen Wohnung ermöglichen. Des Weiteren schwächt sich möglicherweise die enge und emotionale Bindung an das Eigenheim ab. Diese Entwicklung zeigt sich bei jüngeren Generationen in Deutschland bereits in einer Abkehr vom klassischen einmaligen Immobilienerwerb („One-time-buyer") hin zum Erwerb aufeinanderfolgender Immobilien im Lebensverlauf („Property ladder"), verbunden mit einer sukzessiven Verbesserung der Wohnbedingungen (vgl. Helbrecht/Geilenkeuser 2012, 433). In der Vergangenheit gültige Verhaltensweisen am Wohnungsmarkt müssen sich also nicht zwangsläufig unverändert in die Zukunft fortschreiben lassen.

Nachfrageveränderungen auf den niedersächsischen Wohnungsmärkten bis 2035

Zukünftige Entwicklung der Haushaltszahl und -struktur

In den kommenden Jahren werden Umfang und Struktur der Haushalte in Niedersachsen erhebliche Veränderungen erfahren. Wesentliche Ursache hierfür ist die demographische Entwicklung mit einer zunehmenden Alterung und spürbar sinkenden Einwohnerzahlen in vielen Regionen. Für den Wohnungsmarkt spielen die Privathaushalte eine zentrale Rolle, da letztlich Haushalte und nicht Einwohner Wohnungen nachfragen. Dabei umfassen die Privathaushalte alle Nachfrager am Wohnungsmarkt. Dies betrifft auch Zweitwohnsitze an wichtigen Arbeitsmarktzentren, aber z. B. keine Appartements in Seniorenwohnheimen, da deren Bewohner zur Anstaltsbevölkerung zählen und in diesem Sinne keine Wohnungen am Markt nachfragen.

Insgesamt wird die Bevölkerung in Privathaushalten zwischen den Jahren 2014 und 2035 um rund 320 000 Haushaltsmitglieder oder etwa 4,1 Prozent zurückgehen. Die Veränderungen in den einzelnen Altersgruppen und Haushaltsgrößenklassen werden jedoch sehr unterschiedlich ablaufen, sodass sich die Haushaltszusammensetzung stark verändern wird (vgl. Abb. 1):

- Die Zahl der kleineren Haushalte mit einem oder zwei Mitgliedern ist infolge des Singularisierungstrends in den letzten Jahrzehnten kontinuierlich gestiegen. Bedingt durch die übliche Haushaltsverkleinerung nach Auszug der Kinder aus dem Elternhaus und vor allem einem Anstieg von Senioren-Singlehaushalten nach dem Versterben eines Partners wird die Zahl kleiner Haushalte auch in Zukunft weiter zunehmen. Dabei stellen Haushaltsbewohner ab 65 Jahren bereits heute rund ein Drittel der Bewohner von Ein- und Zweipersonenhaushalten. Im Jahr 2035 wird diese Altersgruppe rund 45 Prozent der Singlehaushalte und 48 Prozent der Haushaltsmitglieder in Zwei-Personenhaushalten ausmachen.
- Die Zahl der größeren Familienhaushalte mit drei oder mehr Mitgliedern wird entsprechend einem längerfristigen Trend

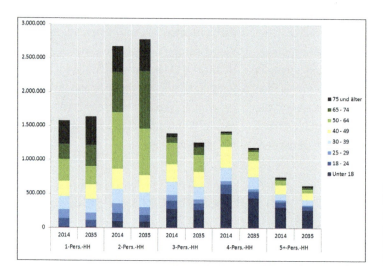

Abb. 1:
Bevölkerung in Privathaushalten 2014 und 2035 in Niedersachsen (eigene Darstellung)

weiter sinken. Mit dem Auszug von Kindern aus dem Familienhaushalt, verstärkt durch insgesamt rückläufige Kinderzahlen, nimmt besonders die Anzahl der Vier-Personenhaushalte und der Haushalte mit fünf und mehr Personen stark ab. Trotz eines deutlich geringeren Besatzes stellen auch in den größeren Haushalten die Senioren zukünftig die einzige Wachstumsgruppe, während alle übrigen Altersgruppen deutliche Rückgänge von bis zu 30 Prozent erfahren werden.

- Bis zum Jahr 2022 ist trotz rückläufiger Einwohnerzahlen und entsprechend sinkender Bevölkerung in Privathaushalten zunächst noch mit steigenden Haushaltszahlen in Niedersachsen zu rechnen, weil die geburtenstarken Jahrgänge ins Rentenalter vorrücken und die kleinen Seniorenhaushalte dadurch deutliche Zuwächse erfahren. In den Folgejahren dürfte sich jedoch die Entwicklung der kleinen Haushalte so weit abschwächen, dass die starken Rückgänge bei den größeren Haushalten nicht mehr kompensiert werden können (vgl. Abb. 2). In der Summe werden die Haushaltszahlen im Jahr 2035 bei rund 3,85 Mio. Haushalten und damit etwa auf dem Niveau des Ausgangsjahres der Prognose liegen.

Innerhalb Niedersachsens ist der demographische Wandel unterschiedlich weit fortgeschritten und lässt sich regional grob wie folgt skizzieren:

- Insbesondere im südlichen Niedersachsen ist der Anteil älterer Menschen bereits heute sehr hoch, die jüngeren Bevölkerungsgruppen sind dagegen unterrepräsentiert. Grund dafür sind über Jahrzehnte andauernde Abwanderungsprozesse jüngerer Bevölkerungsgruppen, denen die strukturschwache Region keine langfristigen Erwerbsperspektiven bieten konnte. Die absolute Zahl der kleinen Seniorenhaushalte wird künftig nur noch wenig ansteigen, weil die nachrückenden Jahrgänge vergleichsweise schwach besetzt sind.

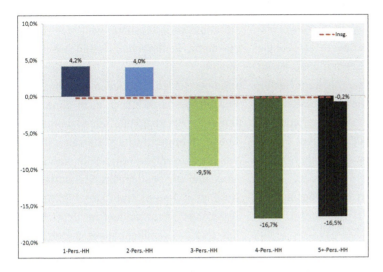

Abb. 2:
Entwicklung der Privathaushalte zwischen 2014 und 2035 in Niedersachsen in Prozent (eigene Darstellung)

- Im westlichen Niedersachsen ist die Bevölkerung demgegenüber noch sehr jung – mit einem hohen Anteil von Kindern und Jugendlichen und vergleichsweise wenigen Senioren. In den kommenden Jahren wird sich aber auch hier eine deutliche Verschiebung der Altersstruktur ergeben, wenn die in der Region besonders stark besetzten geburtenstarken Jahrgänge ins Seniorenalter vorrücken. Dementsprechend sind im Westen die stärksten Veränderungen in den Haushaltsstrukturen zu erwarten.
- Eine starke Haushaltszunahme ist darüber hinaus in den Großstädten bzw. im direkten Umfeld von Hannover, Braunschweig und Wolfsburg sowie im südlichen Hamburger Umland zu erwarten. Diese Regionen profitieren einerseits von Zuzügen, andererseits wird – vor allem in Gebieten früherer Suburbanisierung – das Haushaltswachstum durch die Zunahme älterer Haushalte geprägt.

Implikationen für den Wohnungsbedarf

Der zukünftige Wohnungsbedarf in Niedersachsen wird zu einem wesentlichen Teil durch die zukünftigen demographischen Veränderungen und die daraus resultierenden Haushaltsstrukturen geprägt. Dabei wird in einem normativen Ansatz davon ausgegangen, dass jeder Haushalt eine Wohnung nachfragt.[2] Aufbauend auf die Haushaltsprognose wird mithilfe von Informationen aus Sonderauswertungen der Zusatzerhebung „Wohnsituation" des Mikrozensus 2006 und 2010 die Nachfrage nach Wohnungen in Ein- und Zweifamilienhäusern sowie Mehrfamilienhäusern abgeschätzt. Für diese vertiefende Betrachtung spielen neben der Berücksichtigung der Lebenszykluseffekte Annahmen zu den zu erwartenden Remanenz- und Kohorteneffekten eine wichtige Rolle. In der vorliegenden Prognose wird unterstellt, dass ältere Personen zukünftig verstärkt barrierearme Wohnungen, vorwiegend im Geschosswohnungsbau, nachfragen werden. Dies ist insbesondere auf eine geringere emotionale Bindung kommender Generationen an ihr Eigenheim, eine insgesamt höhere Flexibilität und Mobilität sowie eine stärkere Orientierung auf zentrale Standorte, auch im ländlichen Raum, zurückzuführen. Ferner wird unterstellt, dass Eigenheimbesitzer ihre Immobilien – sofern intendiert – zeitnah veräußern können bzw. über ausreichend finanzielle Mittel für einen Umzug verfügen.

Landesweit ist bis zum Jahr 2035 von einem Neubedarf in Höhe von rund 127 000 Wohnungen in Ein- und Zweifamilienhäusern und etwa 162 000 Wohnungen in Mehrfamilienhäusern auszugehen. Diesen Neubedarfen stehen bei Ein- und Zweifamilienhäusern ca. 113 000 und bei Mehrfamilienhäusern 37 000 Wohnungsüberhänge gegenüber. Aus dieser Gegenüberstellung wird bereits ein deutlicher Schwerpunkt der Wohnungsnachfrage in Richtung Geschosswohnungsbau deutlich, welcher aus der unterschiedlichen Entwicklung kleiner und großer Haushalte resultiert.

Darüber hinaus wird die zu erwartende Entwicklung der Wohnungsnachfrage im Betrachtungszeitraum nicht konstant verlaufen, sondern sich in zwei Phasen unterschiedlicher Dynamik teilen. In der ersten Phase kann zunächst noch in vielen Kommunen mit einer stärker steigenden Wohnungsnachfrage gerechnet werden. Mit dem Erreichen der maximalen Haushaltszahl im Jahr 2022 wird nach der vorliegenden Prognose die Wohnungsnachfrage in der zweiten Phase Jahr für Jahr leicht zurückgehen. Zusätzlich verlagert sich der Schwerpunkt noch stärker in Richtung Geschosswohnungsbau, weil der Trend zu mehr Seniorenhaushalten weiterhin anhält.

Die unterschiedliche Dynamik in den zwei Phasen lässt sich jedoch nicht ohne Weiteres auf die regionale oder kommunale Ebene herunterbrechen. Derzeit gibt es vor allem in einigen Teilen Südniedersachsens und an bestimmten Standorten im Nordosten bereits spürbare Wohnungsüberhänge, insbesondere im Bereich der Ein- und Zweifamilienhäuser. In den kommenden Jahren nehmen die Wohnungsbedarfe bei den Ein- und Zweifamilienhäusern kontinuierlich ab, und Überhänge werden im südlichen Niedersachsen und im Nordosten zu einem flächendeckenden Problem (Abb. 3).

Auch an der Mittelweser und an der Küste zwischen Elbe- und Wesermündung gewinnen die Wohnungsüberhänge an Bedeutung. Zusätzliche Bedarfe gibt es dagegen nur noch im westlichen Niedersachsen und im Umland der großen Städte, wobei im Raum Braunschweig und Hannover in Richtung Süden nur noch das engste Umland mit Neubedarfen rechnen kann.

Auch der Bedarf an Wohnungen in Mehrfamilienhäusern nimmt in den schrumpfenden Regionen, in denen der demographische Wandel bereits fortgeschritten ist, ab. Stark steigende Bedarfe gibt es dagegen in fast allen Bereichen des westlichen Niedersachsens sowie in den großen Städten und ihrem Umfeld (Abb. 4).

Hier entsteht mit der zunehmenden Alterung der geburtenstarken Jahrgänge ein erhebliches Potenzial für die Nachfrage nach seniorengerechtem Wohnraum in Mehrfamilienhäusern. Ein entsprechendes

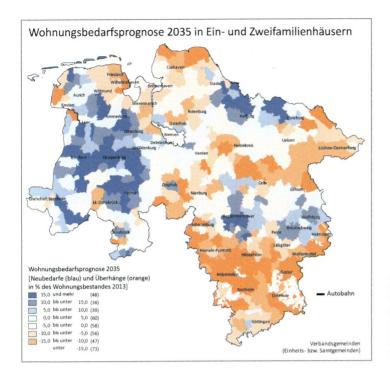

Abb. 3: Wohnungsbedarfsprognose für Ein- und Zweifamilienhäuser (eigene Darstellung)

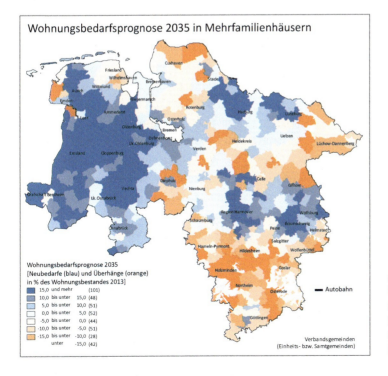

Abb. 4: Wohnungsbedarfsprognose für Mehrfamilienhäuser (eigene Darstellung)

Angebot ist aber bislang vor allem im überdurchschnittlich stark von Einfamilienhäusern geprägten Westen rar.

Insgesamt können noch deutlich mehr Kommunen mit einem wachsenden Wohnungsbedarf in Mehrfamilienhäusern rechnen, als dies bei den Ein- und Zwei-Familienhäusern der Fall ist. Auf der anderen Seite ist bei den Mehrfamilienhäusern die Zahl der Standorte, die bis 2035 mit extremen Überhängen konfrontiert werden, geringer. Allerdings dürfte es nur eine Frage des Zeithorizonts sein, bis auch weitere Regionen in Niedersachsen die oben skizzierte zweite Entwicklungsphase erreichen.

Herausforderungen am Wohnungsmarkt

Für die regionalen Wohnungsmärkte bestehen mit Blick auf die kommenden 20 Jahre sehr unterschiedliche, zum Teil sogar gegensätzliche Herausforderungen. Anhand der unterschiedlichen quantitativen Entwicklungen der Wohnungsbedarfe lassen sich drei Regionstypen abgrenzen: wachsende Regionen, schrumpfende Regionen und „Regionen am Wendepunkt", die innerhalb des Prognosezeitraums den Umschwung von einem wachsenden zu einem schrumpfenden Wohnungsbedarf erleben werden.

Die wichtigste Herausforderung für die wachsenden Regionen im Weser-Ems-Raum mit Schwerpunkt im Oldenburger Münsterland, dem nördlichen Emsland sowie den großen Städten mit Teilen ihres engeren Umlands besteht in der Steuerung des Wachstums, die Entwicklungen mit langfristiger Perspektive ermöglicht. Eine Konzentration des Neubaus reduziert den Flächenverbrauch und ermöglicht einen langfristigen Werterhalt durch eine zentrale Lage. Denn auch in den bis 2035 weiter wachsenden Regionen ist mit abnehmenden Geburtenzahlen und steigenden Seniorenanteilen eine Trendumkehr in Sicht – wenn auch erst wesentlich später als in den übrigen niedersächsischen Regionen. Die derzeit noch günstigen Bedingungen sollten genutzt werden, um eine nachhaltige und auch für die kommenden Generationen bedarfsgerechte Wohnraumentwicklung zu betreiben.

In den schrumpfenden Regionen im südlichen und nordöstlichen Niedersachsen sowie im Küstenraum des Elbe-Weser-Dreiecks („Nasses Dreieck") geht es vor allem darum, die verbleibende Nachfrage durch ein entsprechend attraktives Angebot auf die größeren Orte bzw. die Ortskerne zu konzentrieren, um langfristig die zentralen Funktionen erhalten und die Versorgung der Bevölkerung gewährleisten zu können. Ein Wechsel in eine kleinere, seniorengerechte Wohnung wird für die kleinen Seniorenhaushalte in den schrumpfenden Regionen zunehmend schwieriger, wenn sie auf den Ertrag aus dem Verkauf des Eigenheims angewiesen sind. Die fehlende Nachfrage, v. a. durch junge Familien, macht auch den Einsatz innovativer Produkte zum Immobilienverzehr bzw. Umkehrhypotheken („Reverse Mortgage" oder auch „Eat your brick") für die Kreditinstitute wenig attraktiv. Entsprechende Produkte sind in

Schleswig-Holstein kürzlich nach einer Testphase wieder eingestellt worden, da es zu wenige Interessenten mit Häusern in guten Wohnlagen gab. Vor diesem Hintergrund kann auch das Thema Rückbau und eine entsprechende öffentliche Förderung langfristig nicht völlig ausgeklammert werden. Wichtig ist eine aktive Begleitung und Steuerung solcher Schrumpfungsprozesse durch die kommunale Planung und zentrale Wohnungsmarktakteure, z. B. Baugenossenschaften.

Besonderes Augenmaß ist bei der Wohnungsentwicklung in den „Regionen am Wendepunkt" gefragt. Hierbei handelt es sich vorwiegend um Kommunen im sogenannten „zweiten Ring" des suburbanen Raums. Diese hatten in der Vergangenheit im Rahmen der Suburbanisierungsprozesse von Zuzügen profitiert; in den vergangenen Jahren ist dieser Effekt jedoch aufgrund steigender Mobilitätskosten nicht mehr so weit im Umland spürbar. Entsprechend verzeichnen diese Standorte kurzfristig noch steigende Wohnungsbedarfe (durch Haushaltsverkleinerungen und steigende Haushaltszahlen), die in angemessener Form gedeckt werden müssen, um Wanderungsverluste zu vermeiden. Auf mittlere Sicht wird es aber zu einer Trendwende mit zunehmend rückläufigen Haushaltszahlen kommen. Vor diesem Hintergrund der sich bereits deutlich abzeichnenden Nachfragerückgänge muss bei den zunächst noch benötigten Neubauten ein besonderes Augenmerk auf die nachhaltige Nutzbarkeit gelegt werden. Dies gilt nicht nur für die Wohngebäude selbst, sondern auch für die im Umfeld benötigten Infrastrukturen wie z. B. Kindergärten und Schulen. Dabei geht es um eine planerische Konzentration von Neuausweisungen auf vorhandene Siedlungskerne, aber z. B. auch um den Einsatz flexibler Raumkonzepte, die bei Bedarf eine einfache Umnutzung ermöglichen.

Neben diesen quantitativen regionsspezifischen Herausforderungen stehen alle Regionen vor allem einer zentralen qualitativen Aufgabe am Wohnungsmarkt gegenüber: Die in allen Landesteilen zunehmende Zahl älterer Menschen muss mit seniorengerechtem, möglichst barrierefrei gestaltetem Wohnraum versorgt werden. Während in weiten Teilen der wachsenden Regionen keine entsprechenden Bestände an Wohnungen in Mehrfamilienhäusern vorhanden und Neubauten in erheblichem Umfang nötig sind, geht es in den schrumpfenden Regionen vor allem um den seniorengerechten Umbau von vorhandenen Immobilien. Das kann ggf. auch vorhandene Eigenheime betreffen, die aus Gründen mangelnder Nachfrage nicht mehr marktgängig sind.

Anmerkungen

1 Datengrundlage sind die vom CIMA Institut für Regionalwirtschaft GmbH im Auftrag der Investitions- und Förderbank Niedersachsen (NBank) erarbeiteten Prognosen. Weitere Ergebnisse und eine vertiefende Beschreibung der Methodik sind dem aktuellen Wohnungsmarktbericht zu entnehmen (vgl. NBank 2015).
2 Ergänzend zur prognostizierten Haushaltszahl wird eine Fluktuationsreserve (auch Leerstands- oder Funktionsreserve) von einem Prozent des Wohnungsbestandes bei Ein- und Zweifamilienhäusern sowie drei Prozent bei Mehrfamilienhäusern angenommen, damit Umzüge aufgrund freier Wohnungen noch realisierbar sind.

Literatur

Flöthmann, Jürgen: *Wanderungen.* Akademie für Raumforschung und Landesplanung (ARL): Handwörterbuch der Raumordnung, 4. Auflage, Hannover 2005.

Helbrecht, Ilse/Geilenkeuser, Tim: *Demographischer Wandel, Generationeneffekte und Wohnungsmarktentwicklung: Wohneigentum als Altersvorsorge?* In: Raumforschung und Raumordnung 70 (5), 2012, 425–436.

Just, Tobias: *Demografie und Immobilien.* 2. Auflage, München 2013.

NBank (Hrsg.): *Wohnungsmarktbeobachtung 2014/2015: Generationengerechtes Wohnen in Niedersachsen – Perspektive 2035.* (=Themenheft 23). Hannover 2015.

Autorinnen und Autoren

Dr. Nicola Borger-Keweloh und
Hans-Walter Keweloh
Entenmoorweg 47
27578 Bremerhaven
hwkeweloh@gmx.de

Fabian Böttcher
CIMA Institut für Regionalwirtschaft GmbH
Moocksgang 5
30169 Hannover
boettcher@cima.de

Dr. Arno Brandt
CIMA Institut für Regionalwirtschaft GmbH
Moocksgang 5
30169 Hannover
brandt@cima.de

Dr. Mathias Deutsch
Georg-August-Universität Göttingen
Geographisches Institut
AG Umweltgeschichte
Goldschmidtstraße 5
37077 Göttingen
amdeutsch@arcor.de

Dr. Michael Ehrhardt
Landschaftsverband Stade e. V.
Johannisstraße 3
Im Johanniskloster
21682 Stade
Ehrhardt.BRV@t-online.de

Prof. Lothar und Tanja Eichhorn
Landesamt für Statistik Niedersachsen (LSN)
Göttinger Chaussee 76
30453 Hannover
Lothar.Eichhorn@statistik.niedersachsen.de;
Tanja.Eichhorn@statistik.niedersachsen.de

Prof. Dr. Norbert Fischer
Landschaftsverband Stade e. V.
Johannisstraße 3
Im Johanniskloster
21682 Stade
norbertfischer@t-online.de

Florian Geldmacher
Torenberg 13
31061 Alfeld (Leine)
f.wieske@wws-online.de

Nina Heinecke
CIMA Institut für Regionalwirtschaft GmbH
Moocksgang 5
30169 Hannover
heinecke@cima.de

Dr. Ansgar Hoppe
Niedersächsischer Heimatbund
An der Börse 5–6
30159 Hannover
hoppe@niedersaechsischer-heimatbund.de

Prof. Dr. Joachim Hüppe
Leibniz Universität Hannover
Institut für Geobotanik
Nienburger Straße 17
30167 Hannover
hueppe@geobotanik.uni-hannover.de

Prof. Dr. Hansjörg Küster
Leibniz Universität Hannover
Institut für Geobotanik
Nienburger Straße 17
30167 Hannover
kuester@geobotanik.uni-hannover.de

Prof. Dr. Karl-Heinz Pörtge
Georg-August-Universität Göttingen
Geographisches Institut
Goldschmidtstraße 5
37077 Göttingen
kpoertg@gwdg.de

Autorinnen und Autoren (Fortsetzung)

Prof. Dr. Richard Pott
Leibniz Universität Hannover
Institut für Geobotanik
Nienburger Straße 17
30167 Hannover
pott@geobotanik.uni-hannover.de

Prof. Dr. Johannes Prüter
Biosphärenreservatsverwaltung „Niedersächsische Elbtalaue"
Am Markt 1
29456 Hitzacker
Johannes.Prueter@elbtalaue.niedersachsen.de

Dr. Tobias Reeh
Georg-August-Universität Göttingen
Geographisches Institut
Goldschmidtstraße 5
37077 Göttingen
treeh@gwdg.de

Dr. Falko Turner
Leibniz Universität Hannover
Institut für Geobotanik
Nienburger Straße 17
30167 Hannover
turner@geobotanik.uni-hannover.de

1 | 2015

Redaktion

Annedörthe Anker
Am Weidengrund 1
38112 Braunschweig
Tel.: 0531 321832
anker-anker@t-online.de

Dr. Arno Brandt
CIMA Institut für Regionalwirtschaft GmbH
Moocksgang 5
30169 Hannover
Tel.: 0511 22007950
brandt@cima.de

Prof. Dr. Rainer Danielzyk
Akademie für Raumforschung und Landesplanung (ARL)
Leibniz-Forum für Raumwissenschaften
Hohenzollernstraße 11
30161 Hannover
Tel.: 0511 3484236
danielzyk@arl-net.de

Dr. Rainer Ertel
Auf dem Emmerberge 15
30169 Hannover
u.ertel@hotmail.de

Prof. Dr. Dietrich Fürst
Westermannweg 35
30419 Hannover
Tel.: 0511 797662
dietrich.fuerst@t-online.de

Dr. Ansgar Hoppe
Göbelstraße 19
30163 Hannover
Tel.: 0511 7100640
ansgar.hoppe@arcor.de

Prof. Dr. Hansjörg Küster
Universität Hannover
Institut für Geobotanik
Nienburger Straße 17
30167 Hannover
Tel.: 05117623632
kuester@geobotanik.uni-hannover.de

Prof. Dr. Axel Priebs
Region Hannover
Höltystraße 17
30171 Hannover
Tel.: 0511 61622565
axel.priebs@region-hannover.de

Prof. Dr. Ing. Dietmar Scholich
Stromeyerstr. 3
30163 Hannover
dietmar.scholich@t-online.de

Dr. Jobst Seeber
Werbachstr. 46
26121 Oldenburg
joli-seeber@t-online.de

Alexander Skubowius
Region Hannover,
Fachbereich Wirtschafts- und Beschäftigungsförderung
Haus der Wirtschaftsförderung
Vahrenwalder Straße 7
30165 Hannover
Tel.: 0511 6162354
alexander.skubowius@region-hannover.de

Impressum

Verantwortlich für die Ausgabe: Prof. Dr. Hansjörg Küster

Herausgegeben von der Wissenschaftliche Gesellschaft zum Studium Niedersachsens e. V.
Gefördert aus Mitteln des Landes Niedersachsen.

© Wachholtz Verlag – Murmann Publishers, Kiel/Hamburg
© Wissenschaftliche Gesellschaft zum Studium Niedersachsens e. V., Hannover

Das Werk, einschließlich aller seiner Teile, ist urheberrechtlich geschützt. Jede Verwertung ist ohne Zustimmung des Verlags unzulässig. Das gilt insbesondere für Vervielfältigungen, Übersetzungen, Mikroverfilmungen und die Einspeicherung und Verarbeitung in elektronischen Systemen.

Gesamtherstellung: Wachholtz Verlag
Printed in Germany

Titelbild © Prof. Dr. Hansjörg Küster

ISBN 978-3-529-06463-0
ISSN 0342-1511

Preis pro Einzelheft: 15,00 € (D) · 15,40 € (A) · sFr 21,90

Besuchen Sie uns im Internet: www.wachholtz-verlag.de